MANUEL ADMINISTRATIF

DE

L'OFFICIER DE MARINE

OU

PRÉCIS

DES CONNAISSANCES ADMINISTRATIVES

NÉCESSAIRES AUX OFFICIERS DE MARINE, DANS LES DIVERSES POSITIONS QU'ILS SONT APPELÉS
A OCCUPER, SOIT A TERRE, SOIT A LA MER,

PAR H. DE SOMER,

LIEUTENANT DE VAISSEAU.

PRIX : 4 FRANCS.

VANNES

LIBRAIRIE DE LA MAISON DE LAMARZELLE.

1853.

MANUEL ADMINISTRATIF

DE

L'OFFICIER DE MARINE.

MANUEL ADMINISTRATIF

DE

L'OFFICIER DE MARINE

OU

PRÉCIS

DES CONNAISSANCES ADMINISTRATIVES

NÉCESSAIRES AUX OFFICIERS DE MARINE, DANS LES DIVERSES POSITIONS QU'ILS SONT APPELÉS
A OCCUPER, SOIT A TERRE, SOIT A LA MER,

PAR H. DE SOMER,

LIEUTENANT DE VAISSEAU.

PRIX: 4 FRANCS.

VANNES

LIBRAIRIE DE LA MAISON DE LAMARZELLE.

1853.

A M. LAVAUD,

Préfet maritime du troisième Arrondissement.

MONSIEUR LE PRÉFET,

Vous avez bien voulu, alors que ce petit Manuel n'était encore qu'ébauché, le parcourir avec soin et m'aider de vos conseils; permettez-moi, aujourd'hui qu'il est achevé, grâce surtout à vos encouragements, de vous le dédier.

Votre nom, placé en tête de cet ouvrage, sera pour moi un gage certain de la bienveillance de mes lecteurs, et témoignera en même temps de la respectueuse reconnaissance avec laquelle je suis,

MONSIEUR LE PRÉFET,

Votre très-obéissant serviteur,

H. DE SOMER.

INTRODUCTION.

Le titre que j'ai donné à cet ouvrage indique suffisamment quel a été mon but en l'entreprenant. J'ai
voulu, non pas faire un cours complet d'administration
de la marine, mes prétentions n'allaient pas jusque-là,
mais en résumer les principales règles, et particulièrement celles dont la connaissance est, dans bien des cas,
indispensable aux officiers de vaisseau. En un mot,
mon intention n'a pas été d'écrire pour des administrateurs, mais pour des personnes, telles que mes collègues, étrangères à l'administration de la marine, et
néanmoins obligées, par la nature de leur service ou des
fonctions dont elles sont investies, de coopérer activement et journellement aux actes de cette même administration.

Les officiers de marine, en effet, soit en qualité de
commandants ou de seconds, soit simplement comme
chargés de l'un des nombreux détails du bord, se trouvent à tout instant en relation avec les divers services

des ports, avec les directions, les ateliers, les magasins, etc. ; la connaissance de l'organisation du service administratif dans les arsenaux, leur est donc nécessaire. De plus, ils reçoivent directement des magasins particuliers des directions, les objets de matériel nécessaires à leurs bâtiments, soit à l'armement, soit en cours de campagne, ou réintègrent dans ces mêmes magasins, tout ou partie de ces objets, soit au désarmement du navire, soit pendant les séjours qu'il fait dans les ports de France. Mais ces mouvements de matériel ne s'opèrent pas sans de nombreuses écritures auxquelles participent les officiers de marine : de là l'obligation pour eux d'avoir au moins une idée générale du mode de comptabilité des directions, et des formes des recettes et des dépenses qui s'effectuent journellement entre les bâtiments et les divers magasins du port.

Les officiers de marine sont en outre appelés dans les ports à des fonctions qui impliquent des connaissances toutes particulières : ainsi, il n'y a pas une commission pour la recette des différentes munitions navales, dans laquelle n'entrent un ou plusieurs officiers de vaisseau ; ils interviennent également, soit dans les ports, soit en pays étranger, dans la préparation des marchés, la rédaction des cahiers des charges, et les adjudications de toute espèce que nécessitent les besoins du bâtiment ; de là encore pour eux la nécessité de connaître les conditions et épreuves auxquelles la réception des principales munitions navales est soumise, ainsi que les formes des marchés et adjudications.

D'un autre côté, à terre ou embarqués, les officiers de marine sont appelés à administrer des compagnies, ou à faire partie des conseils d'administration des bâtiments : sous ce double rapport, il leur est donc indispensable de connaître les différents modes de recrutement de la flotte, le régime administratif des équipages à terre et à la mer, et la comptabilité des bâtiments armés relative au personnel et au matériel.

Enfin, dans quelque position qu'ils se trouvent placés, il ne leur est pas permis d'ignorer le régime de la Caisse des Invalides, cette grande institution qui touche de si près aux intérêts de tous les membres de la flotte, les droits de cette Caisse, et les garanties qu'elle présente.

Telles sont les considérations qui ont déterminé le mode de division que j'ai adopté dans mon travail :

Dans le chapitre 1er j'examine l'organisation générale du service dans les ports, la répartition du matériel dans les divers magasins des directions, le mode de comptabilité de ces directions, et l'institution du magasin général.

Le chapitre 11 comprend tout ce qui est relatif à la passation des marchés, aux différents modes de fournitures, aux conditions et épreuves auxquelles doivent satisfaire les principales munitions navales pour être admises en recette.

Les chapitres III et IV traitent de l'administration du personnel à terre et embarqué, et préalablement des différents modes de recrutement des équipages. La comptabilité du matériel et les dépenses en cours de campagne, la manière dont elles s'effectuent et les pièces justificatives qui doivent les accompagner, font plus particulièrement l'objet du chapitre IV.

Le chapitre V traite spécialement de la Caisse des Invalides de la marine, de la Caisse des prises, et de la Caisse des gens de mer.

Enfin, j'ai jugé utile de réunir dans un sixième et dernier chapitre, les principales dispositions de la législation pénale actuellement en vigueur dans la marine. J'examine rapidement l'organisation des divers tribunaux institués pour rendre la justice à bord, et à terre dans l'intérieur des arsenaux, sans entrer toutefois dans tous les détails de l'information et de la procédure applicables à chaque juridiction, et je termine par un court exposé de la législation relative à la répression de la piraterie, que j'ai cru devoir faire suivre de quelques mots sur les conditions imposées aux armements en course.

Ainsi, se trouvent resumés, dans un cadre aussi restreint que possible, les principes généraux d'administration que les officiers de marine se trouvent à même d'appliquer tous les jours.

Sans doute, il y a quelque témérité de ma part à

aborder un terrain qui m'est aussi peu familier que celui de l'administration de la marine, dans l'intention d'y guider les autres, et il eut été à souhaiter que cet exposé du service administratif de la flotte, émanât d'un de ces hommes de science et d'expérience, comme le commissariat de la marine en compte un si grand nombre dans ses rangs. Mais un administrateur ne se fut probablement pas placé à mon point de vue pour traiter un semblable sujet ; il eut voulu surtout écrire pour des hommes de sa partie, et ne se fut pas borné comme moi à n'envisager que les questions ayant un intérêt direct pour les officiers de marine ; dès lors, son travail trop complexe, trop étendu pour des lecteurs marins, eut dépassé le but que je me suis proposé.

Mû par ces considérations, et convaincu d'ailleurs qu'un officier de marine, à cause précisément de sa connaissance du service des vaisseaux, était particulièrement bien placé pour discerner dans le volumineux répertoire des lois de la marine, ce qui pouvait être utile à ses collègues, je me suis mis à l'œuvre, consacrant à l'étude des lois, ordonnances et règlements destinés à régir la flotte, tous les instants que ne réclamait pas le service du bord, pendant une campagne qui n'a guère duré moins de quatre ans.

Loin de me dissimuler les difficultés de mon entreprise, j'ai bien souvent hésité à la poursuivre, en songeant à la faiblesse de mes moyens pour l'amener à bonne fin ; mais l'espoir de faire une œuvre utile pour la généralité des officiers de vaisseau, a ranimé mon courage. En conséquence, malgré les nombreuses imperfections qu'ils pourraient rencontrer dans cet ouvrage, j'invoque leur indulgence en faveur du motif qui m'a soutenu dans l'accomplissement de ma tâche.

H. DE SOMER.

MANUEL ADMINISTRATIF

DE L'OFFICIER DE MARINE.

CHAPITRE 1er.

DU SERVICE ADMINISTRATIF DANS LES PORTS.

Esquisse historique des modifications qu'a subies jusqu'à ce jour l'organisation du service administratif dans les ports et arsenaux. — Ordonnance du 14 juin 1844 : Division du territoire maritime. Du Préfet maritime. Du Major général. Du Commissaire général et des chefs des détails administratifs sous ses ordres. Des Directeurs. — Attributions des Directions relativement à la mise en œuvre et à la comptabilité des matières. Du magasin général et des magasins particuliers. — Intervention de l'administration de la marine dans les délivrances et les recettes à effectuer par les comptables des matières. — Recettes et sorties des Magasins. — Leur justification dans la comptabilité des Garde-magasins. — Responsabilité des Directions relativement aux délivrances et aux remises ; compte qu'elles ont à rendre de ces opérations. — De la justification de l'emploi des matières et de la main-d'œuvre aux travaux. — Garanties que présente le mode actuel d'administration et de comptabilité du matériel. — Conseils d'administration des ports. — Conseils de santé. — Inspection des services administratifs. — Sous-arrondissements et établissements hors des ports.

Esquisse historique des Modifications qu'a subies jusqu'à ce jour l'organisation du service administratif dans les Ports et Arsenaux.

Pour bien comprendre l'organisation actuelle du service dans les ports et arsenaux de la marine, pour en bien saisir tous les détails et se rendre parfaitement compte du rôle de chacune des pièces du mécanisme administratif, il n'est pas sans utilité de jeter un coup-d'œil rétrospectif sur les différents systèmes qui ont précédé celui que nous voyons fonctionner aujourd'hui. Ce n'est, en effet, que par un rapide examen des nombreux essais tentés jusqu'à ce jour, c'est en mettant à nu les vices des combinaisons tour-à-tour imaginées, que nous pourrons remonter aux causes qui ont décidé de leur abandon, discerner les écueils à éviter ou les conditions à remplir à l'avenir, pour arriver à une organisation du service dans les ports de plus en plus parfaite, et apprécier, enfin, le degré de confiance que mérite celle qu'a définitivement consacrée l'ordonnance du 14 juin 1844.

Sans doute, il faudra tâtonner encore longtemps peut-être, avant d'imaginer un système qui réunisse à toutes les garanties désirables, une extrême simplicité de formes ; mais les principes généraux sont désormais acquis, et la consécration qu'ils ont reçue de l'expérience est déjà si décisive, qu'il n'est plus possible de s'en départir, quel que soit le mode d'organisation auquel on s'arrête à l'avenir.

C'est aux deux grands ministres Richelieu et Colbert que la France doit la création d'une marine militaire permanente, et l'organisation d'une administration sérieuse et homogène dans tous les ports du royaume. Jusqu'en 1629, on n'employait guère, en effet, pour les expéditions maritimes, que des vaisseaux empruntés aux simples particuliers ; quant à la levée, la solde, l'équipement et l'avitaillement des équipages, l'Amiral de France en était exclusivement chargé.

L'Amiral était un grand dignitaire de la couronne, qui réunissait, dans ses attributions, l'administration et la juridiction de toutes les choses relatives à la marine. Quand le Roi faisait construire des navires pour son propre compte, l'Amiral avait à sa charge, non-seulement la construction, mais encore l'armement et l'avitaillement de ces navires ; aussi d'énormes bénéfices étaient-ils attachés à cette dignité. Outre les droits de congé, d'ancrage, de lestage que percevait l'Amiral, il avait encore sa

part des bris et naufrages, ainsi que le dixième des prises faites
à la mer. Il percevait également le produit des amendes pour
tous les délits et contraventions aux règlements de la police des
ports. Sa juridiction sur la marine marchande s'exerçait par
l'intermédiaire des Amirautés placées sous son autorité immédiate. Celles-ci rendaient la justice en son nom, connaissaient de
tous les débats civils relatifs aux constructions, radoubs, équipements, avitaillements, charges, affrètements, nolis, etc.,
ainsi que des faits de piraterie, baraterie, pillages et crimes
commis en mer, autres que ceux ressortant d'un conseil de
guerre.

Tant de puissance unie, dans les mains d'un sujet, à des attributions aussi étendues, était incompatible avec l'existence
d'une marine militaire permanente, et ne devait pas tarder à
éveiller l'attention de Richelieu, jaloux de faire disparaître
jusqu'aux dernières traces de cette féodalité qui avait tant em-
piété sur l'autorité du monarque; aussi son premier acte, au
moment de jeter les fondements de notre établissement naval,
fut-il de supprimer la charge d'Amiral. Les attributions de ce
grand dignitaire, relativement aux constructions, équipements,
avitaillements des navires, garde et sûreté des ports, furent
dévolues, dans chaque arsenal, à un intendant et à un commandant militaire, placés sous la haute direction du Ministre, qui
créa pour lui-même la charge nouvelle de Chef et Surintendant
de la marine.

L'ordonnance qui régla définitivement le service dans les
ports et arsenaux, fut rendue le 29 mars 1631. Toute la partie
administrative du service fut confiée à un commissaire, qui
réunit dans ses attributions, les constructions, radoubs, approvisionnements, ainsi que la solde et l'avitaillement des équipages. Quant à la partie purement militaire du service des
ports, comprenant la garde et la sûreté des vaisseaux et des ar-

senaux, le commandement des troupes, etc., elle fut dévolue, dans chaque port, à un chef d'escadre, sous le titré de Commandant militaire.

Colbert compléta cette organisation de l'administration de la marine, par sa célèbre ordonnance du 15 avril 1689, conçue, d'ailleurs, dans le même esprit que celle de 1631. Ainsi, bien que la charge d'Amiral ait été rétablie, dès 1670, en faveur du comte de Vermandois, on ne rendit pas à ce dignitaire ses anciennes attributions relativement à l'administration des arsenaux, et le Ministre continua de diriger, par l'intermédiaire de ses intendants, tous les travaux, tous les mouvements et toute la comptabilité des ports. L'Amiral ne fut investi que du commandement militaire suprême qu'exerçaient pour lui, dans chaque port, ses lieutenants-généraux.

Cette division du service en deux branches si distinctes était habilement calculée : d'un côté, elle constituait une forte unité administrative, en réunissant dans les mêmes mains les fonctions de comptable et d'ordonnateur des dépenses; de l'autre, elle prévenait toute rivalité entre les deux autorités du port, en limitant leur sphère d'action, de manière à éviter tout contact entre elles. Malheureusement, les ordonnances subséquentes ne surent point maintenir les principes consacrés par celles de 1631 et 1689 : elles favorisèrent l'empiètement du pouvoir militaire sur le pouvoir administratif; la ligne de démarcation si nettement tranchée entre les attributions de l'intendant et celles du commandant militaire, s'effaça peu à peu, et il en résulta des froissements et des luttes entre ces deux autorités désormais rivales.

L'ordonnance du 27 septembre 1776 mit le comble à l'anarchie et à la confusion dans le service des ports. Il y eut encore, comme par le passé, un commandant et un intendant chargés de diriger le service dans chaque port; mais avec cette différence, que le commandant cessa d'être un chef purement militaire, et réunit à ses anciennes attributions une partie de celles exclusivement réservées jusque-là à l'intendant. Le premier eut l'administration relative aux travaux de toute espèce, constructions, radoubs, mouvements, etc.; le second, au contraire, fut uniquement chargé de la comptabilité des fonds et matières; c'est-à-dire, que l'un eut tout pouvoir d'ordonner sans compter des dépenses, tandis que l'autre, administrateur comptable, fut exclu du droit de s'immiscer dans l'emploi des fonds et matières placés sous sa responsabilité.

L'expérience ne tarda pas cependant à faire ressortir les vices de cette organisation en opposition avec les principes les plus élémentaires d'administration, et bientôt l'autorité militaire perdit la part si large que l'ordonnance de 1776 lui avait dévolue dans l'administration des ports.

Les principes consacrés par l'ordonnance de 1689 servirent encore de base à celle du 21 septembre 1791, qui réorganisa le service des ports et arsenaux. L'incompatibilité entre toutes fonctions administratives et toutes fonctions militaires y fut nettement formulée. Un ordonnateur, chef suprême, réunit dans ses attributions toutes les parties du service relatives aux travaux, mouvements, etc., et, comme en 1631 et 1689, le commandant des armes fut uniquement chargé du commandement des troupes et équipages, de la garde, de la sûreté et de la police du port.

La tourmente révolutionnaire de 1793 fit subir quelques modifications à cette organisation; mais la loi du 2 brumaire an IV l'ayant reconstituée sur les bases de 1791, elle dura jusqu'au 7 floréal an VIII, époque à laquelle parut le décret qui instituait les préfectures maritimes.

L'objet de la nouvelle organisation fut d'imprimer à toutes les parties du service des ports une direction unique, en concentrant dans les mêmes mains l'autorité militaire et l'autorité administrative. Ainsi le Préfet maritime dut réunir dans ses attributions les fonctions de l'ordonnateur et du commandant des armes; il eut la direction générale des travaux et des mouvements, le commandement des troupes, la garde et la police de l'arsenal; il reçut directement les ordres du Ministre et eut seul la correspondance officielle avec lui.

Cependant, bien que placé à la tête de l'administration, l'ordonnancement des dépenses n'entra pas dans ses attributions; cette partie du service fut confiée à un chef d'administration chargé de la comptabilité générale, et le Préfet dut s'entendre avec ce fonctionnaire pour régler les dépenses sur les crédits ouverts à ce dernier par le Ministre. Quant à la répartition des fonds, le chef d'administration suivait à cet égard les intentions du Ministre, et le Préfet ne pouvait y rien changer, excepté dans les cas d'urgence, après avoir pris l'avis du conseil d'administration du port, et à charge d'en rendre compte au Ministre dans les vingt-quatre heures.

Ce conseil dont nous parlons pour la première fois, avait été institué par l'ordonnance de 1776, sous le nom de Conseil de marine permanent; il était appelé à délibérer, sous la présidence du commandant du port, sur tous les plans, devis, projets de travaux à exécuter, sur les marchés, adjudications, et il vérifiait les comptes de l'arsenal, en achats de matières, salaires d'ouvriers, ainsi que ceux des bâtiments à leur retour de campagne. Conservé avec les mêmes attributions par l'ordonnance de 1791 et la loi du 2 brumaire an IV, il fut aussi le digne complément de la remarquable organisation créée par le décret de l'an VIII.

Après la chute de l'Empire, en 1815, l'esprit de réaction contre toutes les institutions de ce régime, ressuscita les vieux systèmes déjà tant de fois condamnés par l'expérience. Mais ces nouveaux essais ne furent pas plus heureux que les précédents, et l'on fut obligé d'en revenir à l'organisation de l'an VIII. Les préfectures maritimes furent rétablies par ordonnance du 27 décembre 1826, et l'administration des ports constituée définitivement par celle du 17 décembre 1828, rendue en exécution de la précédente.

Depuis cette époque, l'organisation du service dans les ports et arsenaux de la marine, n'a subi de modifications essentielles qu'en ce qui se rapporte au service du contrôle dans les ports : elle est aujourd'hui réglée par l'ordonnance du 14 juin 1844, dont nous allons examiner rapidement les principales dispositions.

Ordonnance du 14 Juin 1844. — Division du territoire maritime. — Préfet maritime. — Major général. — Commissaire général et Chefs des détails administratifs sous ses ordres. — Directeurs.

Le territoire maritime est, conformément à cette ordonnance, divisé en cinq arrondissements. A la tête de chaque arrondissement est placé un Préfet maritime, fonctionnaire administratif et militaire à la fois, recevant directement les ordres du Ministre et étendant son autorité sur tous les chefs et employés des différents services, à l'exception de l'Inspecteur en chef, qui n'est son subordonné que sous le rapport hiérarchique seulement.

Au Préfet appartient la direction générale des travaux et la surveillance de tous les établissements du port. Il est investi du commandement supérieur de tous les corps organisés et troupes de la marine, ainsi que de tous les bâtiments armés de son arrondissement, à l'exception de ceux que le Ministre, par une décision spéciale, aurait placés hors de sa dépendance. Enfin, le Préfet maritime est chargé de la garde et de la sûreté de l'arsenal, de la protection des côtes, de la police des pêches maritimes, etc.

Le service sous ses ordres est confié à un Major général, à un Commissaire général, et à quatre Directeurs.

Le Major général a le commandement de toutes les troupes et de tous les entretenus de la marine; il est spécialement chargé de la garde militaire et de la sûreté de l'arsenal, et des forts, batteries et postes qui dépendent de la marine. Il a autorité sur les bâtiments dans le port, en armement ou en désarmement, ainsi que sur les bâtiments armés qui sont placés sous les ordres du Préfet maritime, auquel il désigne les officiers qui, d'après leur tour d'embarquement, sont appelés à faire partie des états-majors de ces bâtiments.

Le Commissaire général dirige les services administratifs; il est ordonnateur secondaire chargé de la comptabilité des fonds et matières.

L'administration sous ses ordres est divisée en neuf détails, savoir :

1° Détail des approvisionnements.
2° Détail des revues.
3° Détail des armements et prises.
4° Détail des travaux.
5° Détail des hôpitaux.
6° Détail des chiourmes.
7° Détail des vivres.
8° Détail des fonds.
9° Détail de l'inscription maritime.

Chacun de ces détails est confié à un Commissaire, Commissaire-adjoint, ou Sous-Commissaire, selon son importance.

Le Commissaire attaché au détail des approvisionnements établit les clauses des marchés et adjudications pour fournitures et ventes, de concert avec les officiers des services consommateurs; il fait les commandes aux fournisseurs, vise les ordres d'introduction, délivre les certificats comptables, et vérifie toutes les pièces de recettes et de dépenses, tant à charge qu'à décharge, du garde-magasin général.

Les Commissaires chargés des détails des revues et des armements tiennent les rôles et contrôles du personnel employé à terre et à la mer. Ils passent les revues, constatent la présence des individus et le montant des sommes à payer pour appointements et accessoires de toute espèce, et remplissent enfin, à l'égard des corps organisés de la marine et des équipages de ligne, des fonctions analogues à celles qui sont dévolues dans l'armée aux Sous-Intendants militaires.

Le Commissaire aux travaux s'assure, par des appels et des contre-appels, de la présence des ouvriers aux travaux. Il tient un compte ouvert des dépenses en matières et main-d'œuvre, pour tous les ouvrages exécutés par les Directions. Il centralise la comptabilité de ces services, ainsi que celle des bâtiments armés, sous le rapport du matériel. Enfin, il tient un inventaire des objets fournis aux navires, soit à l'armement, soit en cours de campagne, et dresse chaque année les comptes généraux en matières et main-d'œuvre, dans les formes déterminées par les réglements en vigueur.

Le Commissaire des hôpitaux a la police de ces établissements. Il constate les achats, les recettes, les dépenses, les manutentions; il établit les clauses des marchés à passer pour fournitures de médicaments, linges et autres objets nécessaires au service des hôpitaux, et centralise la comptabilité de ces établissements.

Le Commissaire préposé au détail des chiourmes remplit des fonctions analogues, relativement à l'administration et à la police des bagnes.

Le Commissaire attaché au détail des vivres veille à ce que l'approvisionnement des magasins soit toujours en rapport avec les besoins du service ; il prépare les cahiers des charges pour fournitures de denrées et ventes d'objets inutiles ou hors de service. Il notifie les commandes aux fournisseurs, et fait partie de la commission de recette ou s'y fait représenter. Il délivre les certificats comptables et les ordres d'introduction, surveille, après recette, l'emmagasinement, la garde et la conservation des denrées ; a la direction de la comptabilité du garde-magasin, et sanctionne de son visa toutes les délivrances faites aux divers services.

Le détail des subsistances était dirigé par un Directeur, antérieurement à l'ordonnance du 23 décembre 1847 ; jusqu'alors, en effet, le personnel de ce service formait un corps à part, chargé, sous la surveillance du Commissaire général, de la garde, de la comptabilité et de la transformation des denrées alimentaires. Mais la loi du 6 juin 1843, sur la comptabilité des matières appartenant à l'Etat, ayant rendu nécessaire une réorganisation de ce service, la comptabilité des mouvements des subsistances et leur conservation furent par la suite confiées à des comptables responsables, justiciables de la Cour des Comptes, et indépendants par conséquent de toute autorité administrative, en ce qui touchait à leur responsabilité ; quant aux attributions précédemment dévolues aux officiers de l'administration des subsistances, elles furent désormais exercées par les officiers du commissariat.

Le Directeur fut remplacé par un Commissaire, investi, à l'égard du garde-magasin des vivres, de fonctions analogues à celles que remplit le Commissaire aux approvisionnements, vis-à-vis du garde-magasin général. (Nous avons énuméré plus haut une partie de ces attributions.)

Quant aux transformations et manipulations de denrées destinées à la subsistance des rationnaires de la marine, elles sont opérées par des maîtres, contre-maîtres et ouvriers, sous la direction spéciale et immédiate des chefs et sous-chefs de manutention. Le Commissaire aux subsistances suit, pour sa part, les opérations de ces agents; il vérifie et vise les états de denrées transformées, et s'assure de la prise en charge des produits obtenus, ainsi que de la régularité des déchets de fabrication. Il centralise les comptes des délivrances et des recettes, et en vérifie la concordance avec le compte-rendu par le garde-magasin. Enfin, il procède au choix et à la désignation des ouvriers employés dans le service des vivres, et des agents à embarquer sur les bâtiments armés; il en tient la matricule, en fait la répartition, et se conforme, pour le classement, le taux des salaires, les avancements, aux ordonnances et réglements en vigueur.

Le Commissaire préposé au détail des fonds est chargé de tenir enregistrement des crédits ouverts par le Ministre, et de toutes les recettes et dépenses en deniers, autres que celles relatives au service de l'établissement des invalides, faites sur le budget de la marine dans le sous-arrondissement du chef-lieu; de dresser tous les états de prévision et de justification qui s'y rapportent et d'en établir le compte. Enfin, c'est lui qui expédie, en ayant soin qu'ils soient toujours accompagnés des documents justificatifs exigés, tous les mandats de paiement nécessaires aux divers services, à l'exception de ceux, bien entendu, qui doivent être exclusivement dressés par les Commissaires aux revues ou aux armements.

Les attributions du Commissaire de l'inscription maritime étant absolument identiques dans les chefs-lieux d'arrondissement et les divers quartiers du littoral, nous nous réservons de les définir et de les examiner plus tard avec soin. Cependant, comme l'ordonnance du 14 juin 1844 fait mention de l'inscription maritime dans l'énumération des détails administratifs des ports, nous croyons devoir indiquer sommairement ici les principales attributions du Commissaire chargé de ce service.

Le Commissaire de l'inscription maritime a pour mission spéciale de surveiller et de suivre tous les mouvements des gens de mer, afin de pouvoir les retrouver quand l'Etat a besoin de leurs services, et empêcher que nul, parmi ceux qui sont soumis au régime des classes, ou qui ont rempli les conditions pour être inscrits, ne puisse s'affranchir des charges qui lui sont imposées. Il tient en conséquence les matricules et les registres de l'inscription, ainsi que la liste des invalides, réformés, pensionnés, etc. C'est lui qui reçoit les ordres de l'administration relatifs aux levées, et qui est chargé de leur exécution; lui qui surveille et centralise la comptabilité des trésoriers des invalides de son quartier, et qui adresse à l'autorité du port toutes les demandes de demi-soldes, secours et gratifications, qui lui sont transmises à lui-même par les syndics. Enfin, c'est au Commissaire de l'inscription maritime qu'appartient la police de la navigation et des classes, suivant les règles tracées par l'ordonnance de 1784 et le décret du 7 janvier 1791.

Ainsi les attributions du Commissaire général embrassent :

Les approvisionnements pour lesquels il est traité dans les ports; la recette, ainsi que la garde, la conservation et la délivrance des matières brutes et ouvrées déposées, soit dans le magasin général, soit dans ses dépendances;

La revue de tous les corps et de toutes les personnes employés dans les ports et sur les bâtiments de l'Etat, ainsi que la liquidation et l'ordonnancement de leur solde et accessoires;

La comptabilité des bâtiments armés, tant en matières qu'en deniers; la liquidation des comptes de ces bâtiments, et la comptabilité générale du matériel du port;

L'administration et la police des hôpitaux et des chiourmes;

Le service des vivres ;

L'ordonnancement des dépenses de toute nature et la comptabilité des fonds.

Le Commissaire général est en outre chargé du service de l'inscription maritime, y compris les rapports de toute nature de ce service avec l'établissement des Invalides de la Marine, et il en centralise tous les documents par l'intermédiaire d'un Sous-Commissaire, qui prend le titre de Chef du bureau central.

Lorsqu'il y a lieu de préparer des adjudications ou de passer des marchés pour fournitures, travaux et ouvrages quelconques, le Commissaire général fait établir les clauses de ces adjudications, conformément aux conditions énoncées dans les cahiers-types adoptés pour chaque espèce de fourniture en particulier. Après l'approbation du cahier des charges, il procède, en présence des chefs de service compétents, aux adjudications et marchés, lesquels ne deviennent toutefois définitifs qu'après l'examen du conseil d'administration et l'approbation du Ministre de la Marine.

S'il s'agit, au contraire, de ventes d'objets inutiles au service, le Commissaire général en donne avis à l'administration des Domaines, qui les fait opérer pour le compte de l'État.

C'est encore le Commissaire général qui convoque la commission des prises à réunir, en conformité de l'arrêté consulaire du 6 Germinal an VIII, et qui préside à la liquidation et à la répartition du produit des prises. Enfin, depuis l'ordonnance du 13 Mai 1846, c'est lui qui est particulièrement chargé de toutes les poursuites à exercer contre les fournisseurs qui ne remplissent pas leurs engagements, ou qui ne se conforment pas aux prescriptions des cahiers des charges, et de la suite à donner par-devant l'autorité administrative ou judiciaire, à toutes les affaires dans lesquelles la Marine se trouve engagée comme partie.

Le service des travaux relatifs, soit à la construction, l'armement ou l'équipement des vaisseaux, soit à la construction des bâtiments civils et à l'exécution des ouvrages hydrauliques, est réparti entre quatre détails ou directions, savoir :

La direction des constructions navales, la direction des mouvements du port, la direction d'artillerie, et la direction des travaux hydrauliques.

A chacune de ces directions sont affectés un magasin particulier et un certain nombre d'ateliers. Ces derniers reçoivent les matières nécessaires à leurs travaux, du magasin de dépôt, sur l'ordre de délivrance donné par le directeur, sous sa responsabilité personnelle. Il en est de même des matières et objets d'approvisionnement nécessaires aux bâtiments de la flotte et aux divers services.

Le directeur des constructions navales est chargé des constructions, refontes, radoubs des bâtiments de la flotte, et de tous les chantiers et ateliers où s'exécutent ces travaux ; ainsi, les cales, chantiers de construction, ateliers de menuiserie, poulierie, tonnellerie, ferblanterie, forges, etc., sont du ressort de sa direction.

La direction des mouvements du port est confiée à un capitaine de vaisseau. Sont placés sous ses ordres et sa surveillance, les ateliers de la garniture, de la voilerie, etc. Il est chargé de tous les mouvements des bâtiments dans le port, du lestage, délestage, amarrage, entrée et sortie des navires, de leur mâtage et démâtement, du curage du port, des pompes à incendie, signaux, vigies, tonnes et balises ; de l'entretien et de la conservation de tous les vaisseaux, pontons et chaloupes à flot ; enfin, il a le commandement supérieur des escouades de gabiers de port, de gardiens de bâtiments et pontons, des compagnies d'ouvriers pompiers, et étend son autorité sur tous les pilotes.

Le directeur d'artillerie est chargé des ateliers de charronnage pour affûts, des ateliers d'artifices, forge, armurerie et autres, destinés à la confection des objets d'armement et de gréement nécessaires à l'artillerie des bâtiments et des forts dépendant de la marine. Il fait opérer, par les magasins attachés à sa direction, la délivrance des armes de toute espèce et des munitions de guerre, nécessaires aux navires de la flotte.

Enfin, le directeur des travaux hydrauliques et bâtiments civils est chargé de l'étude et de la préparation des plans et et projets relatifs à la construction et à l'entretien des édifices, phares dépendant de la marine, quais, bassins, cales, ou à l'exécution de tous autres ouvrages hydrauliques et civils qui seraient ordonnés dans les ports. Ces plans et devis, accompagnés d'états estimatifs des dépenses, dressés par le directeur des travaux hydrauliques, sont examinés par le Conseil d'administration du port et adressés, avec les procès-verbaux de ses délibérations, au Ministre de la Marine. Après leur approbation par le Ministre, et l'adjudication des travaux, le directeur des travaux hydrauliques en surveille l'exécution, tant sous le rapport de la solidité de l'ouvrage, que de la bonne qualité des matériaux employés, et tient la main à ce que l'entrepreneur se conforme exactement aux devis adoptés, ainsi qu'à toutes les clauses et conditions du cahier des charges.

Attributions des Directions relativement à la mise en œuvre et à la Comptabilité des matières.

Antérieurement à l'ordonnance de 1828, les directions n'étaient chargées que de la transformation, en objets ouvrés, des matières premières délivrées par le magasin général, et n'intervenaient dans les délivrances aux divers services, que pour en constater l'opportunité ; après la confection des objets dans les ateliers des directions, ils faisaient retour au magasin général, dépôt unique de tout le matériel d'approvisionnement du port.

Sous l'empire de l'ordonnance de **1828**, chaque direction eut au contraire à sa charge, la garde, la conservation et la délivrance des objets confectionnés dans ses ateliers.

Les directeurs recevaient du magasin général les matières brutes ; ils les faisaient transformer en objets ouvrés dans leurs ateliers, et après le dépôt de ces objets dans les magasins particuliers attachés à chaque direction, ils en étaient constitués comptables.

Ce système était préférable à ce qui se pratiquait antérieurement, sous le rapport de la célérité du service et de la bonne confection des objets ; mais en constituant les directeurs comptables et administrateurs à la fois du matériel ouvré sorti de leurs ateliers, on commettait la faute de réunir dans les mêmes mains des fonctions incompatibles et essentiellement distinctes, et l'on se privait des puissantes garanties de bonne administration qui résultent de leur séparation. Cependant, cette organisation dura jusqu'à la promulgation de la loi du 6 juin **1843**, qui soumettait la comptabilité des matières au contrôle de la Cour des Comptes.

Entre toutes les conséquences que cette loi devait avoir sur la gestion du matériel appartenant à l'Etat, la plus importante, comme la plus immédiate, devait être l'adoption définitive du principe de l'incompatibilité absolue entre les fonctions de l'agent détenteur des matières et de l'agent consommateur, c'est-à-dire chargé d'en diriger l'emploi.

Le retour à ce principe salutaire fut en effet consacré définitivement par l'ordonnance du 26 août **1844**, portant réglement d'administration publique : elle établit qu'à l'avenir il y aurait

dans chaque magasin, chantier, usine, arsenal, et autres
établissements appartenant à l'Etat et gérés pour son compte,
un agent unique ou préposé responsable de toutes les matières
brutes et ouvrées y déposées. Cet agent fut constitué comptable
de la quantité desdites matières, suivant l'unité applicable à
chacune d'elles, et dut soumettre sa gestion annuelle au jugement de la Cour des Comptes.

Du Magasin général et des Magasins particuliers.

L'application de cette nouvelle organisation à la comptabilité
du matériel appartenant à la marine, fit l'objet du réglement du
13 décembre 1845 et de l'instruction du 15 janvier 1846. Il
résulte de leurs dispositions, que toutes les matières brutes et
ouvrées composant l'approvisionnement dans chaque port,
doivent être réparties aujourd'hui entre un magasin général
et des succursales ou magasins particuliers. Un agent unique,
sous le nom de garde-magasin général, est chargé, sous sa
responsabilité personnelle, de la garde et conservation de toutes
les matières ; il en suit les mouvements et les transformations,
et sa comptabilité à la fin de l'année est soumise au contrôle de
la Cour des Comptes. Quant aux directions, désormais affran-
chies de toute responsabilité relativement à la garde et à la
conservation des matières, elles ne doivent compte que de leur
emploi et des délivrances ordonnées par elles.

Ainsi que nous l'avons expliqué précédemment, à chacune
des directions est affecté un magasin particulier où sont déposés
les objets nécessaires à leur service et aux besoins de la flotte ;
mais les agents chargés de ces dépôts ne relèvent que du garde-
magasin général sous le rapport de la comptabilité. Responsables envers lui seulement du matériel confié à leur garde et
dont ils ont pris charge, ils sont distraits de l'autorité des

directeurs, pour tout ce qui ne concerne pas la conservation et l'arrangement des objets dans les lieux de dépôt. Ils délivrent sur leurs ordres, aux divers services, les objets dont ils ont besoin, sans avoir à s'occuper de la convenance ou de l'opportunité de leurs demandes; mais ils suivent et enregistrent, avec la plus scrupuleuse exactitude, tous les mouvements du matériel qui s'opèrent dans leurs magasins respectifs. Ils tiennent à cet effet un livre journal et des livres auxiliaires où sont décrites toutes leurs opérations de recette et de dépense, et les relevés de ces écritures sont ensuite transmis, à des époques fixes, au garde-magasin général, qui les rattache à sa propre comptabilité, et centralise par ce moyen la gestion de ses délégués.

Répartition du matériel entre le Magasin général et les Magasins particuliers.

Le magasin général reçoit les matières brutes et les objets confectionnés livrés par des fournisseurs en exécution de marchés ou de conventions, lorsque ces objets sont d'une autre nature que ceux qui sont ordinairement fabriqués dans les ports. Dans le cas contraire, ces objets sont reçus directement par les magasins particuliers, dont l'approvisionnement doit en outre se composer de tous ceux que les ateliers confectionnent journellement, et des matières brutes et ouvrées provenant de l'approvisionnement général, qui sont mises à la disposition des différents services, au fur et à mesure de leurs besoins.

Intervention de l'administration de la Marine dans les délivrances et les recettes effectuées par les Comptables des matières.

Les délivrances à faire aux divers bâtiments et services sont opérées directement et exclusivement par les magasins particuliers; mais nulle délivrance ne peut être effectuée sans l'accomplissement de deux formalités essentielles, c'est-à-dire, sans que la demande ait été préalablement signée par le directeur compétent, et visée, pour l'exécution, par le commissaire aux travaux.

L'intervention de ce fonctionnaire a pour but de contrôler l'action des services ordonnateurs, et de les contenir dans les limites fixées par les réglements; car, selon ce qui a été dit plus haut, les garde-magasins n'ont pas qualité pour s'assurer de la légitimité ou de l'opportunité des demandes.

De même, l'intervention du commissaire aux approvisionnements est nécessaire pour valider les recettes faites par les magasins; et c'est seulement sur l'ordre de réception donné par ce fonctionnaire, que les objets sont pris en charge par les garde-magasins.

Ainsi, l'Administration exerce une double surveillance, sur les entrées, par le commissaire aux approvisionnements, et sur les sorties, par le commissaire aux travaux, ce qui lui donne un moyen infaillible et facile de vérifier les écritures des comptables et d'en constater la régularité; le commissaire aux approvisionnements n'a besoin pour cela que de comparer les recettes et dépenses qu'elles accusent, aux ordres d'exécution émanés de lui, pour les recettes, et du commissaire aux travaux, pour les dépenses. En outre, ce dernier intervenant forcément à son tour dans les délivrances effectuées aux services consommateurs, et centralisant les comptes d'emploi des matières, est parfaitement placé pour suivre leurs transformations successives, et pour certifier leur rigoureuse application aux travaux exécutés.

Ce que nous venons de dire suffit pour bien faire comprendre le rôle que joue l'Administration de la marine vis-à-vis des comptables des matières et des ordonnateurs de l'emploi de ces matières. Il ne nous reste plus qu'à donner quelques détails sur les formes des recettes et des dépenses effectuées par les magasins, et sur les règles générales relatives à leur justification.

Les recettes du magasin général ou de ses dépendances (magasins particuliers) s'effectuent à divers titres; elles comprennent :

1° Les livraisons par suite d'achats ;

2ª Les cessions faites par des services étrangers à la marine ;

3° Les cessions de chapitre à chapitre du Budget ;

4° Les remises faites par les bâtiments ou les divers services ;

5° Les produits de transformation de matières et de confection d'objets ;

6° Les entrées diverses, telles que réintégration d'objets dans les magasins, déclassement de matières, produits de démolition de bâtiments ou d'édifices, remises d'objets de mobilier faites par les bureaux , etc.

Outre ces recettes, qui ont pour effet de modifier, d'une manière quelconque, l'inventaire du matériel appartenant à chaque service de la marine, il en est d'autres qui n'ont pour résultat que de déplacer la responsabilité d'un agent à un autre du même service, sans modifier ledit inventaire. Ce genre de recettes est désigné sous le nom d'entrées d'ordre; elles proviennent :

1° D'envois des autres ports et établissements hors des ports ;

2° De mouvements réciproques entre le garde-magasin général et les garde-magasins particuliers des directions dont les dépenses s'imputent sur le même chapitre du Budget, et de mouvements entre ces garde-magasins eux-mêmes ;

3° De reprise de service par suite de mutation de comptable.

Règle générale : pour qu'un objet de matériel quelconque puisse être pris en charge par les comptables des matières, il faut :

1° L'examen préalable d'une commission qui constate si ledit objet remplit les conditions nécessaires pour être admis en recette;

2° L'ordre de prendre en charge, donné par le commissaire aux approvisionnements.

Le résultat de l'examen de la commission est consigné dans un procès-verbal signé de tous les membres, et cette pièce, revêtue de l'ordre de réception dont nous venons de parler, et de la déclaration de prise en charge du garde-magasin, sert ensuite à ce dernier de pièce justificative à l'appui de sa comptabilité.

Les remises d'objets composant l'armement des bâtiments ou le mobilier des hôtels, bureaux et autres établissements de la marine, se font, pour le compte des magasins particuliers, aux ateliers des directions; mais les objets n'y sont admis que sur le *bon à visiter*, donné par le chef de la direction compétente, sur le primata du billet de remise. Après leur examen par une commission qui les classe, suivant le cas, dans l'une des trois catégories suivantes: objets en bon état, objets à réparer, objets hors de service (à vendre ou à détruire), ils sont immédiatement versés en magasin. Toutefois, le versement des objets à réparer n'a lieu qu'en écritures, et les objets à démolir restent dans les ateliers en attendant la prise en charge, par les garde-magasins, des produits de la démolition.

Les objets confectionnés par les ateliers pour l'approvisionnement des magasins, sont également pris en charge par les comptables, sur le reçu d'un état de ces objets dressé à la fin de chaque mois par la direction qui fait le versement. Cet état, revêtu de l'ordre de réception et de la déclaration de prise en charge, sert de pièce justificative au garde-magasin. Quant aux versements réciproques entre garde-magasins, ils s'opèrent sur billets de demande et de remise, visés par les directeurs, et approuvés pour l'exécution par le commissaire aux approvisionnements.

Les détails dans lesquels nous venons d'entrer suffisent pour donner une idée générale des formes des recettes, et des règles imposées aux comptables pour justifier l'entrée dans leurs magasins des objets de matériel; nous allons voir maintenant, sans qu'il soit besoin d'entrer dans de plus longs développements, que les dépenses ou les sorties s'effectuent et se justifient d'après des règles analogues.

Les sorties se divisent aussi en sorties réelles et en sorties d'ordre.

Les sorties réelles comprennent :

1° Les cessions faites à des services étrangers à la marine;

2° Les cessions faites à des particuliers ;

3° Les cessions de chapitre à chapitre du budget;

4° Les délivrances faites aux bâtiments ;

5° L'emploi aux travaux ;

6° Les sorties diverses, telles que délivrances aux divers services, envois aux colonies, prêts, consommations pour épreuves, pertes par force majeure, déchets, etc.; sorties d'objets condamnés et démolis ou destinés à être vendus.

Les sorties d'ordre comprennent :

1° Les envois aux autres ports et établissements hors des ports ;

2° Les mouvements réciproques entre garde-magasins ;

3° Les remises de service par suite de mutation de comptables.

Les cessions s'effectuent en vertu d'ordres émanés du Ministre ou du Préfet maritime; elles sont justifiées dans la comptabilité du garde-magasin par la copie de la décision de l'autorité compétente, revêtue de l'ordre d'exécution donné par le commissaire aux approvisionnements, et du récépissé de la partie prenante.

Quant aux délivrances d'objets nécessaires aux bâtiments,

hôtels, bureaux, etc., ou de matières destinées à être employées aux travaux, elles s'effectuent sur billets ou feuilles de demande, revêtus du *bon à délivrer* du directeur compétent, et visés pour l'exécution par le commissaire aux travaux. Là partie prenante donne récépissé au pied du primata du billet de demande qui reste entre les mains du comptable comme pièce justificative de la dépense.

Les pertes par force majeure, déchets, déficits dans les magasins, etc., sont constatés par une commission nommée à cet effet, et justifiés, dans la comptabilité du garde-magasin, par l'ordre de porter en sortie les matières ou objets, donné par le commissaire aux approvisionnements au bas de l'extrait du procès-verbal de la commission.

Les sorties d'objets destinés à être démolis ou vendus s'effectuent et se justifient dans les mêmes formes.

Les envois aux autres ports et établissements hors des ports ne se font que d'après les ordres du Ministre. Un officier de la direction compétente, assisté d'un officier du commissariat, visite les matières et objets à expédier, après avis donné à l'inspecteur. L'emballage, la constatation des quantités, le plombage des ballots s'effectuent ensuite en présence de l'officier du commissariat et de l'agent chargé du transport, ou si le transport a lieu par bâtiment de l'Etat, d'un officier ou aspirant délégué par le Commandant.

Il est dressé procès-verbal de toutes ces opérations, et le commissionnaire ou le capitaine donne récépissé sur l'extrait du procès-verbal de visite qui reste entre les mains du comptable expéditeur.

Nous n'entrerons point dans le détail des écritures relatives à la comptabilité des garde-magasins; nous avons déjà dit que tous les mouvements d'entrée et de sortie des matières étaient par eux décrits, à mesure qu'ils s'opéraient, sur un livre journal, un grand livre, et des livres auxiliaires; c'est d'après ces livres qu'ils établissent ensuite les relevés trimestriels et de fin d'année à transmettre au Ministre avec toutes les pièces justificatives dont il a été question plus haut.

Responsabilité des Directions relativement aux délivrances et aux remises; compte qu'elles ont à rendre de ces opérations.

Ainsi que nous venons de le voir, la délivrance des objets de matériel nécessaires aux bâtiments de la flotte et aux divers services du port, ne s'effectue que par l'intermédiaire des directions compétentes, et moyennant l'intervention du commissaire aux travaux; c'est à cette double condition seulement que la responsabilité du comptable est à couvert, d'autant qu'il n'est point juge de la convenance des demandes auxquelles il fait droit. Cette responsabilité incombe tout entière aux services ordonnateurs, exclusivement chargés de justifier de l'opportunité des délivrances ou des remises qu'ils autorisent.

Les directions ont donc à rendre des comptes, mais à d'autres titres que les garde-magasins; aussi, tandis que la gestion de ces derniers est soumise au contrôle de la Cour des Comptes, les opérations des directions sont jugées administrativement.

Au commencement de chaque année, toutes les pièces relatives à la comptabilité des délivrances et des remises, tenue dans chaque direction, sont adressées au Ministre, qui les fait examiner et vérifier dans ses bureaux.

Cette vérification porte sur la régularité des ordres donnés par les directeurs, sur leur conformité avec les prescriptions des réglements, et sur la concordance, d'ailleurs certifiée par le commissaire aux approvisionnements, entre les opérations décrites dans la comptabilité des services ordonnateurs et les résultats du compte des entrées et des sorties du magasin général.

De la Justification de l'emploi des matières et de la main-d'œuvre aux travaux.

Les fonctions des directeurs ne consistent pas seulement, comme nous l'avons dit plus haut, à faire délivrer sous leur responsabilité les objets nécessaires aux besoins de la flotte et des divers services ; ils sont chargés, en outre, de la direction des travaux dans leurs ateliers, et responsables, par conséquent, de l'emploi des matières mises à leur disposition pour toutes les confections ou transformations d'objets qui s'y opèrent. Enfin, ils réunissent dans leurs attributions la répartition des ouvriers dans les ateliers et chantiers dépendant de leurs directions, et la comptabilité relative à la main-d'œuvre.

Afin d'entourer de toutes les garanties possibles l'emploi des matières et de la main-d'œuvre, l'ordonnance du 13 décembre 1845 et l'instruction du 15 janvier 1846, ont posé des règles fixes et identiques pour tous les services.

Pour qu'un travail soit exécuté dans un arsenal, il faut d'abord un ordre émanant du Ministre ou du Préfet maritime ; toutefois, les travaux d'entretien et de réparation du matériel naval et d'artillerie, des hôtels, bureaux, ateliers, etc., ainsi que les travaux nécessités par les transports, visites et mouvements de matières dans les ports, sont ordonnés par les directeurs, dans les limites fixées par le Préfet.

L'ordre d'exécution, quelle que soit l'origine de l'ordre général, est toujours donné par écrit à l'atelier, et signé du directeur. Cet ordre relate : 1° le numéro et la date de l'ordre général ; 2° le bâtiment ou service auquel le travail doit être imputé ; 3° le sommaire du travail à exécuter, ou s'il s'agit d'objets confectionnés, le nombre et l'espèce de ces objets.

A la réception d'un ordre général d'exécuter un travail, il est ouvert, dans le chantier ou dans l'atelier, un compte destiné à suivre, jour par jour, l'application des matières à ce travail; les quantités reçues, restituées ou employées, y sont au fur et à mesure inscrites; quant à celles d'un emploi commun à tous les travaux exécutés dans un chantier ou un atelier, et qui ne peuvent s'appliquer directement à chacun de ces travaux, elles font l'objet d'un compte spécial qui est arrêté à la fin de chaque mois.

Les matières nécessaires au travail à exécuter, sont livrées aux maîtres des ateliers, sur des *bons* signés d'eux et détachés d'un registre à souche, coté et paraphé par l'officier chargé de l'atelier; de cette façon, il suffit de comparer les quantités inscrites sur les souches des registres, avec le compte ouvert et les *bons* acquittés par les maîtres, pour s'assurer que toutes les matières mises à leur disposition ont été exactement et fidèlement employées.

Sous le rapport de la main-d'œuvre, ce compte doit également présenter tous les renseignements propres à faire ressortir le montant de la journée de travail. A cet effet, le nombre d'ouvriers employés à la tâche et à l'entreprise y doit être constaté chaque jour, avec indication du montant de leur solde, par les agents chargés de la direction des travaux.

Le compte est arrêté définitivement à la fin du travail, ou provisoirement à la fin de chaque mois, et il y est établi une totalisation, par unité simple et par unité collective, des quantités et de la valeur des matières employées. Ces résultats sont alors reportés sur un état destiné à faire connaître les travaux exécutés pendant le mois, la valeur des matières et de la main-d'œuvre employées, ainsi que leur application à chacun des travaux en particulier.

Ainsi, au moyen du compte courant et des états mensuels dont il vient d'être question, on peut suivre tous les détails de la transformation et de la consommation des matières, depuis le moment où elles ont été délivrées, jusqu'à celui où leur emploi a donné lieu à un produit nouveau.

Mais ce produit lui-même a besoin, sous le rapport de la bonne exécution du travail, et, s'il y a lieu, de la quantité des objets confectionnés, d'une constatation authentique, et ne peut être admis à faire partie du matériel d'approvisionnement destiné au service de la flotte, s'il n'a été préalablement soumis à l'examen de personnes compétentes. Cet examen est confié, pour les travaux relatifs aux constructions neuves, refontes et radoubs de bâtiments, à une commission présidée par le Préfet maritime ou le Major général délégué, et pour tous les autres travaux, à un officier de la direction compétente, qui opère seul ou avec l'assistance d'un délégué du commissaire aux travaux ou d'un officier de marine, suivant qu'il s'agit de travaux exécutés à la journée, de travaux exécutés à la tâche ou à l'entreprise, ou d'objets confectionnés pour l'approvisionnement des magasins particuliers des directions des constructions navales, des mouvements du port, et de l'artillerie.

Le procès-verbal de réception est dressé par les soins de l'officier de la direction lui-même, et cette pièce sert ensuite de base à l'expédition de la pièce comptable destinée à l'acquittement des salaires dus aux ouvriers à la tâche, ou des sommes acquises par les entrepreneurs, et reste annexée à la comptabilité des directions, comme pièce justificative.

Garanties que présente le mode actuel d'administration et de comptabilité du matériel.

Telle est la part dévolue par les réglements en vigueur, au magasin général et aux directions, dans l'administration et la comptabilité du matériel des arsenaux de la marine. Le principal mérite de la nouvelle organisation est, comme on le voit, d'avoir séparé, d'une manière absolue, la garde et la conservation des matières de leur emploi.

De cette séparation résultent deux responsabilités contradictoires, se servant réciproquement de contrôle, celle des détenteurs, et celle des consommateurs des matières : c'est-à-dire que, d'un côté, la bonne gestion des premiers trouve sa garantie dans les comptes d'emploi des seconds; tandis que, de l'autre, la régularité des opérations de ces derniers trouve à son tour la sienne dans la comptabilité des dépositaires des matières, obligés d'en justifier tous les mouvements, pour mettre leur responsabilité à couvert.

Nous venons de voir comment s'administrait le matériel des ports; nous avons décrit les fonctions des garde-magasins et des directeurs, et expliqué la nature de leurs rapports; il ne nous reste plus, pour terminer cet exposé de l'organisation générale du service dans les arsenaux, qu'à analyser rapidement les attributions des conseils d'administration et des conseils de santé des ports, et enfin à dire quelques mots du service de l'Inspection de la marine, et du rôle que ce corps est appelé à jouer vis-à-vis des agents des divers services administratifs.

Conseils d'administration des Ports.

L'origine des conseils d'administration des ports remonte à l'ordonnance de 1776; depuis cette époque, leur composition et leurs attributions n'ont subi que de très légères modifications. Ils sont composés du Préfet maritime, président ; du Major général, du Commissaire général et des quatre directeurs. L'Inspecteur en chef est aussi appelé à en faire partie, mais il n'y a que voix représentative.

Le conseil d'administration du port prend connaissance de tous les plans, devis, projets de travaux à exécuter, relatifs, soit aux constructions navales, soit aux constructions hydrauliques et bâtiments civils; il donne son avis sur le degré de mérite ou d'utilité qu'ils présentent, et le résultat de sa délibération est transmis au Ministre.

Les marchés, entreprises, adjudications, à faire dans le port, sont également, avant d'être soumis à l'approbation du Ministre, examinés par le conseil d'administration, qui émet son avis sur les conditions et les clauses des cahiers des charges rédigés par le Commissaire général, sur les besoins de l'approvisionnement et sur l'opportunité des achats.

Il vérifie, par les commissions qu'il nomme à cet effet, et qui lui soumettent leurs rapports, la comptabilité des bâtiments à leur retour de campagne; arrête les tarifs de main-d'œuvre et la moyenne des suppléments à accorder, pour chacun des chantiers et ateliers de l'arsenal, aux ouvriers qui y sont employés, et en règle le nombre et la répartition d'après les indications des directeurs. Enfin il statue, au commencement de chaque année, sauf approbation du Ministre, sur les avancements en grade et en classe à accorder aux ouvriers, d'après les états de proposition qui lui sont soumis par les chefs de service.

Il est facile de voir, d'après cet aperçu des fonctions du conseil d'administration, que sa mission essentielle consiste à éclairer l'opinion du Ministre sur les principales questions que celui-ci est appelé à résoudre. Composé de tous les chefs de service, placé sur les lieux mêmes, entouré de tous les documents, à portée de tous les renseignements propres à former son jugement sur toutes les affaires soumises à sa délibération, le conseil d'administration est l'intermédiaire obligé par lequel doit passer, avant d'arriver au Ministre, l'examen de toutes les mesures importantes à prendre dans les ports.

Le conseil de santé ne jouit pas d'attributions aussi étendues, et, quoique le rôle qu'il remplisse fasse partie intégrante du service des ports, les limites dans lesquelles s'exercent ses fonctions, et la spécialité de son objet, en font un élément, important sans doute, mais non organique, du mécanisme général.

Le conseil de santé, d'abord créé sous le nom de comité de salubrité navale par un arrêté du 2 floréal an II, et maintenu ensuite sous celui de conseil de salubrité navale par les arrêtés des 19 pluviôse an VI et 7 vendémiaire an VIII, était composé du commissaire-médecin ou Inspecteur de santé, quand il était dans le port, des officiers de santé en chef, du commissaire des hôpitaux, et d'un secrétaire.

Suivant l'arrêté du 19 pluviôse an VI, il devait être présidé alternativement par l'un de ses membres; mais l'arrêté du 7 vendémiaire an VIII modifia cette disposition, et donna au commissaire des hôpitaux la présidence des séances du conseil, excepté lorsqu'il ne devait y être traité que de questions d'art.

L'ordonnance du 14 juin 1844 a réglé ainsi qu'il suit la composition et les attributions du conseil de santé.

Les premiers et seconds médecins, chirurgiens et pharmaciens en chef, composent le conseil de santé; il est présidé par le premier chirurgien ou le premier médecin en chef le plus ancien en grade.

Le président du conseil de santé est chargé de la police du corps et de tout ce qui intéresse le service médical; il fait la répartition des officiers de santé dans les divers hôpitaux, et propose au Préfet maritime ceux qui doivent être embarqués sur les bâtiments de l'Etat. Il dirige et surveille l'enseignement dans les écoles de médecine de la marine.

Le conseil de santé participe à la vérification des comptes relatifs aux consommations faites à bord des bâtiments, en ce qui concerne le service médical, et constate l'état sanitaire des marins et autres entretenus de la marine soumis à la visite. Il délibère sur tous les achats, marchés et adjudications à faire, relativement à l'approvisionnement en médicaments, instruments dé chirurgie, etc. Lorsqu'il est traité de ces questions, le commissaire des hôpitaux prend part à la délibération et siége en face du président.

Dans les concours qui ont lieu pour les grades de médecin et de chirurgien professeurs, de chirurgien de 1re, 2e et 3e classe, le conseil de santé s'adjoint le médecin et le chirurgien professeurs, et forme ainsi le jury appelé à prononcer sur l'admission des candidats.

Inspection des Services administratifs.

La branche du service désignée sous ce titre, remonte à l'origine même de l'administration de la marine. De tout temps, les opérations administratives concernant le personnel et le matériel, ont été contrôlées par des agents spéciaux appartenant, tantôt au corps de l'administration elle-même, tantôt à un corps institué exclusivement dans ce but.

Le décret du 7 floréal an VIII, qui créa les préfectures maritimes, ne laissa pas sans contrepoids l'omnipotence dont il investissait le Préfet : à côté de lui fut placé, sous le titre d'Inspecteur, un fonctionnaire indépendant dans l'exercice de ses fonctions, ne rendant compte qu'au Ministre, et chargé de faire exécuter les lois et règlements, sans pouvoir toutefois arrêter ni suspendre aucune opération.

L'ordonnance de 1828 maintint les attributions de l'Inspecteur, mais sans lui conserver son initiative et son indépendance vis-à-vis du Préfet; aussi, sans action désormais, et sans efficacité, le contrôle ne tarda-t-il pas à être supprimé, et le corps du commissariat de la marine, créé par ordonnance du 5 janvier 1835, réunit à ses attributions administratives celles des anciens inspecteurs.

Ce nouveau corps fut chargé, à la fois, de l'ordonnancement des paiements, de la centralisation de toute la comptabilité relative au personnel et au matériel, et, enfin, du contrôle à exercer sur tous les actes de l'administration en général. Ainsi se trouvèrent concentrées dans les mêmes mains, et les fonctions exclusivement relatives à l'administration, et celles relatives au contrôle des actes de cette même administration.

Cependant, la simplification qu'on attendait d'une semblable combinaison dans les rouages administratifs, était loin de compenser la faute qu'on avait commise en confondant des attributions si essentiellement distinctes et incompatibles; bientôt, en effet, de vives critiques s'élevèrent de toutes parts contre l'inefficacité de ce contrôle dérisoire, et le retour à une organisation basée sur les principes consacrés par l'expérience, devint l'objet d'unanimes réclamations au sein des Chambres et de la Cour des Comptes. Ce fut, en conséquence, pour satisfaire à ce vœu, que parut l'ordonnance du 14 juin 1844 sur le service des ports : un corps permanent de contrôle fut établi, et l'organisation de 1828 prise pour base de la nouvelle ordonnance, sauf toutefois l'indépendance rendue à ce nouveau corps dans l'exercice de ses fonctions.

Cette institution ne produisit pas cependant tous les résultats qu'on en attendait, et malgré la multiplicité des formalités de là surveillance, l'action du contrôle fut presque toujours insignifiante ou inefficace.

La permanence et l'immobilité, dans le même lieu, d'agents chargés d'un service d'inspection, est, en effet, dans la plupart des cas, un obstacle au rigoureux accomplissement de leur mission. Les relations sociales, les rapports d'intimité qui s'établissent ordinairement entre personnes habitant la même localité, et quelquefois même les dissentiments personnels qui s'élèvent entre elles, sont autant de causes qui tendent à entraver l'action ou à affaiblir l'autorité d'une catégorie de fonctionnaires uniquement destinés à exercer, sur les agents des divers services administratifs, une surveillance incessante.

Il faut donc que le contrôleur et le contrôlé soient, autant que possible, étrangers l'un à l'autre, afin qu'aucune considération personnelle ne puisse jamais s'interposer entre le devoir du premier et l'intérêt du second. De plus, il faut que les agents investis de fonctions aussi importantes et aussi délicates que celles de contrôleurs ou d'inspecteurs des diverses branches du service administratif, soient eux-mêmes des hommes d'une capacité éprouvée, et occupant déjà, par leur grade, une position élevée.

Telles sont, effectivement, les considérations sur lesquelles s'est fondé le décret du 12 janvier 1853, pour réorganiser sur de nouvelles bases le service du Contrôle, qui a repris son ancien titre d'Inspection.

Ce service se divise en inspection mobile et en inspection permanente : la première est confiée à des agents supérieurs sans résidence fixe, et chargés d'exercer leur contrôle sur tous les services administratifs, en se transportant inopinément d'un port à un autre. La seconde, rendue indispensable par la nécessité de surveiller incessamment les opérations si multipliées qui s'accomplissent dans les arsenaux de la marine, est confiée à des fonctionnaires d'un ordre moins élevé, résidant dans les ports.

Le service de l'inspection mobile est confié à des inspecteurs en chef de 1re classe, et celui de l'inspection permanente dans les ports, à des inspecteurs en chef de 2e classe.

Des instructions ministérielles règlent les droits et les obligations des inspecteurs en chef de 1re classe chargés de l'inspection mobile; nous n'avons, en conséquence, qu'à définir sommairement les attributions dévolues aux inspecteurs en chef de 2e classe employés dans les ports.

L'inspecteur en chef résidant dans le chef-lieu d'arrondissement, est subordonné au Préfet, mais entièrement indépendant pour tout ce qui touche à ses attributions.

Son contrôle s'exerce, par lui et ses agents, sur toutes les parties du service, approvisionnements, travaux, emploi des matières et deniers, inscription maritime, caisse des invalides, des gens de mer et des prises; revue des équipages, troupes, entretenus et autres, ainsi que sur les établissements dépendants de la marine, tels que hôpitaux, bagnes, etc.

Il a pour mission de requérir la ponctuelle exécution des lois, réglements et ordonnances relatives à ces divers services, et de s'opposer à toutes les mesures qui seraient contraires à leur esprit ou à leurs prescriptions; mais comme il n'a pas autorité pour diriger ou empêcher aucune opération, il est tenu, dans le cas où il ne serait pas fait droit à ses observations, d'en rendre compte au Ministre, avec lequel il correspond directement.

Ce fonctionnaire a en outre inspection sur tous les magasins, chantiers et ateliers de l'arsenal, ainsi que sur toutes les pièces, registres et autres documents relatifs à leur service; il peut également se faire représenter sur place tous les ordres concernant, soit l'exécution des travaux dans les ateliers, soit la délivrance des objets dans les magasins, et procéder, quand il le juge convenable, par lui ou ses agents, à des appels ou contre-appels des ouvriers et journaliers employés par les divers services du port.

L'inspecteur en chef placé dans chaque chef-lieu d'arrondissement maritime est tenu d'assister aux délibérations du conseil d'administration du port, et fait partie de la commission des prises instituée par l'arrêté consulaire du 6 Germinal an VIII.

Enfin, sur l'ordre du Ministre, ou lorsqu'il le juge nécessaire, il fait des tournées d'inspection administrative dans les ports et quartiers de l'arrondissement auquel il est attaché : il peut aussi y détacher un des officiers de l'inspection sous ses ordres.

Sous-arrondissements et établissements hors les Ports.

L'organisation du service de la marine dans les sous-arrondissements est calquée sur celle des chef-lieux d'arrondissement, et basée sur les principes généraux que nous avons analysés. Toute la partie administrative du service est confiée à un officier supérieur d'administration, chef du sous-arrondissement, chargé de diriger et de surveiller les opérations des commissaires de l'inscription maritime, ses agents immédiats dans les divers quartiers. Les attributions du chef de service dans les sous-arrondissements, en ce qui concerne l'approvisionnement des magasins de la marine, la comptabilité générale, l'ordonnancement des dépenses, le service de l'établissement des invalides, etc., sont analogues à celles du Commissaire général dans les arsenaux.

Les magasins de la marine dans les sous-arrondissements sont également dirigés par des agents comptables, responsables de tout le matériel confié à leur garde, et obligés de justifier de tous les mouvements d'entrée et de sortie devant la Cour des Comptes.

Quant aux établissements hors des ports, tels que forges et fonderies de la marine, ils sont régis par des règlements particuliers. Des directeurs pris, pour Indret et La Chaussade, parmi les ingénieurs de 1re ou de 2e classe, et pour les fonderies, parmi les lieutenants-colonels ou chefs de bataillon d'artillerie de marine, sont chargés de tout ce qui a rapport à l'exécution des travaux dans ces établissements. Ils les dirigent, font la répartition des ouvriers, fixent leurs salaires, pourvoient aux approvisionnements nécessaires, interviennent dans la rédaction des cahiers des charges, dans l'établissement des clauses des marchés, adjudications, etc., et ordonnent les travaux d'entretien et de réparation des édifices ou ateliers, ainsi que ceux prescrits par le Ministre, en ayant toujours soin de ne pas dépasser la quotité des crédits affectés à chaque service.

Un conseil d'administration composé du directeur, du sous-directeur, du commissaire aux travaux et approvisionnements, et de l'inspecteur ayant voix représentative seulement, délibère sur tous les objets dont nous venons de parler, et statue sur la convenance et l'opportunité des achats, sur les conditions des marchés et adjudications, ainsi que sur les tarifs de main-d'œuvre et les avancements à accorder aux ouvriers proposés par le directeur.

Les marchés approuvés par le conseil d'administration sont immédiatement exécutoires lorsqu'ils ne dépassent pas 500 fr.; mais au-delà de ce chiffre, ils ne le deviennent qu'après avoir été soumis à l'approbation du Ministre.

CHAPITRE II.

MARCHÉS ET FOURNITURES.

Nécessité d'un approvisionnement. — Règles applicables à la passation des marchés. Conditions générales et conditions particulières. — Séance de l'adjudication ; offres de rabais. — En cas d'urgence, le conseil d'administration du port peut prendre sur lui de rendre le marché définitif. — Délai dans lequel doit être notifiée l'approbation ministérielle. — Marchés de gré à gré. — Marchés mixtes. — Achats qui n'excèdent pas 500 francs. — Commandes ; par qui notifiées. — Règles relatives à l'introduction des matières dans l'arsenal. — Commissions de recette. — Réclamations des fournisseurs contre les conclusions de la commission de recette. — Aperçu des modifications qu'a subies successivement notre législation forestière. — Tarifs de recette et de classement des bois de construction. — Vices particuliers aux bois de chêne. — Conditions particulières pour la recette des bois de mâture. — Classification des bois de mâture. Du proportionné des mâts. — Excédants. — Fers martelés et laminés. — Fers à cornières. — Fers blancs et noirs en feuilles. — Aciers. — Fontes noires d'Angleterre et d'Écosse. — Tôles. — Cuivres. — Chanvres. — Toiles à voiles. — Houilles.

Nécessité d'un approvisionnement.

La France est, par sa situation géographique, une puissance maritime du premier ordre ; elle ne peut, sous peine d'abdiquer le rang qu'elle occupe parmi les autres nations européennes, sous peine de renoncer à l'influence qu'elle est appelée à exercer sur les destinées de l'humanité, sous peine de faillir à sa mission dans le monde, se soustraire aux obligations que la Providence a entendu lui imposer, en la dotant d'une étendue de côtes de plus de six cents lieues, d'une position admirable sur les deux mers les plus fréquentées du globe, et d'une population non moins apte, par son génie, à se prêter au rude métier des mers, qu'aux labeurs de la vie des camps. Il faut que, sur

la vaste étendue de l'Océan aussi bien que sur les continents,
elle puisse faire sentir la puissance de son bras, et se servir,
à un moment donné, de ses flottes et de ses armées, comme
d'une épée à double tranchant, pour frapper ses ennemis au-
delà des mers et au-delà de ses frontières. Enfin, sans parler
de la nécessité de protéger son commerce, d'entretenir des relations suivies avec les puissances d'outre-mer, pour surveiller
ses intérêts politiques ou pour assurer aux exportations des
produits de son sol tous les avantages qu'elle est en droit d'attendre de l'équité des autres nations, tout fait une loi à la
France d'avoir une marine imposante.

Mais nous ne sommes pas le premier à le dire, une marine
ne s'improvise pas en un jour; on peut, en frappant du pied
le sol de notre pays, en faire sortir des soldats tout armés,
mais non des vaisseaux gréés et équipés. Outre qu'il faut un
temps considérable pour les construire, pour assembler toutes les
pièces de leur charpente, il en faut un bien plus grand encore
pour réunir tous les éléments de leur immense matériel. L'entretien d'une flotte implique donc un approvisionnement de
matériaux suffisant, non-seulement pour subvenir aux besoins
ordinaires des constructions, armements et équipements,
mais encore pour parer à toutes les éventualités qui peuvent
se présenter.

Un armateur peut se borner à être exclusivement propriétaire
de navires, et ne les faire construire ou armer que lorsqu'il a telle
ou telle opération commerciale en vue; il peut ne pas s'approvisionner d'avance de tous les matériaux nécessaires, soit à la
construction, l'armement, soit aux radoubs et à l'entretien de
de ses navires, certain qu'il est de toujours trouver facilement
dans l'industrie les objets qui lui seront nécessaires au fur et à
mesure de ses besoins. Mais l'Etat se trouve placé dans d'autres
conditions: outre que ses flottes se composent d'un plus grand

nombre de vaisseaux nécessitant une bien plus grande quantité de matériaux de toute espèce, la rapidité avec laquelle les armements doivent se faire, l'impossibilité qu'il y aurait souvent à réunir dans un court délai tout le matériel nécessaire, la dépense énorme qui résulterait d'achats aussi considérables, les pertes que l'on serait exposé à éprouver par suite de l'obligation de conclure promptement les marchés et d'accepter les conditions des fournisseurs, qui profiteraient de l'urgence des circonstances pour élever des prétentions exorbitantes; toutes ces causes, dis-je, démontrent jusqu'à l'évidence la nécessité d'un approvisionnement.

Nous voyons, en effet, toutes les ordonnances organiques de la marine s'occuper de cet important objet. L'ordonnance du 29 mars 1651 institue des magasins destinés à recevoir, non-seulement les objets propres aux armements projetés ou provenant de désarmements effectués, mais encore les objets de prévision, tels que bois, chanvres, fers, etc.; l'ordonnance du 6 octobre 1674, celles de 1689, 1765 et 1776 contiennent des dispositions analogues; toutes reconnaissent la nécessité d'avoir dans chaque arsenal, en outre du matériel nécessaire à l'armement, aux radoubs et aux rechanges des escadres qu'on y entretient, un matériel de prévoyance destiné à faire face aux besoins imprévus.

Mais il ne suffit pas d'approvisionner les arsenaux: il faut encore que cet approvisionnement soit fait avec un sage discernement; il faut en outre un point de départ, une base, pour servir à régler, d'après des données certaines, l'espèce et la quantité des matières à faire entrer dans l'approvisionnement des ports.

Cette base, la raison seule l'indique, c'est l'état normal de la flotte elle-même, c'est-à-dire le nombre de bâtiments à entretenir constamment, tant à flot que sur les chantiers:

de là, la nécessité de régler d'une manière fixe et certaine la composition de nos forces navales.

A cet égard, les dispositions des règlements ont subi bien des modifications suivant les nécessités du moment; toujours est-il qu'à toutes les époques, on s'est préoccupé de cette importante question, ainsi que le témoignent la décision royale du 10 mars 1824 et les ordonnances plus récentes du 1er février 1837 et du 22 novembre 1846, portant fixation du nombre des bâtiments qui doivent toujours être tenus tant à flot qu'en armement ou en cours de construction.

En partant de ces données, il serait donc facile de calculer l'approvisionnement en matières brutes, objets confectionnés ou en confection préparatoire, nécessaires à tous les besoins; et une fois l'approvisionnement normal ainsi réglé, il suffirait, pour le tenir toujours au complet, de se rendre compte des vides laissés dans les magasins par les opérations de l'année, et de régler les achats de manière à les combler.

Malheureusement, jusqu'à ce jour, il ne paraît pas qu'on se soit beaucoup occupé de calculer cette base de notre approvisionnement naval, bien que le point de départ, l'état normal de la flotte ait été fixé par une loi; par conséquent, aucune règle fixe ne préside à l'approvisionnement des ports.

Autrefois on dressait à la fin de l'année, dans chaque arsenal, un état général d'approvisionnement pour l'année suivante, en prenant pour base les projets de travaux que le Ministre avait soin d'adresser préalablement dans les ports. Cet état, accompagné des états appréciatifs des dépenses, était envoyé au Ministre, qui approuvait ou modifiait l'avis des ports, selon la quotité des fonds qui lui étaient alloués.

Aujourd'hui, au contraire, le Ministre dresse son budget à l'avance, en raison des besoins de chaque port et des travaux qu'il prévoit. A cet effet, il reçoit à la fin de chaque année, et pour chaque port, un aperçu des besoins, dressé par le commissaire aux approvisionnements, et calculé d'après les renseignements qui lui sont fournis par les directeurs, d'après les ressources de l'existant en magasin ou des marchés en cours d'exécution, et d'après les besoins résultant des travaux à faire. Toutefois, cet aperçu doit être plutôt considéré comme un simple document consultatif entre les mains du Ministre, que comme la base d'après laquelle il dresse son budget, attendu que les fonds qui lui sont alloués sont toujours votés depuis longtemps, et déjà répartis entre les différents chapitres du budget, lorsque les états appréciatifs émanés des ports arrivent à Paris.

Nous ne nous étendrons pas davantage sur la nécessité d'adopter définitivement une base d'approvisionnement calculée une fois pour toutes; espérons que cette nécessité sera sentie, et qu'on ne négligera pas plus longtemps de s'occuper d'un objet aussi essentiel; l'avenir de notre marine, le succès d'une guerre future, peuvent dépendre des soins que l'on aura apportés pendant la paix à l'approvisionnement de nos ports et de la sagesse avec laquelle il y aura été procédé.

Règles applicables à la passation des marchés. — Conditions générales. — Conditions particulières.

Il y avait autrefois deux principales manières de traiter avec les fournisseurs, savoir : de gré à gré, ou par adjudication publique. Les marchés de gré à gré ont été usités jusqu'en 1828; mais ce dernier mode de traiter, bon, tout au plus, à une époque d'embarras financiers, peu propice à l'affluence des offres, dut être abandonné, dès que, par suite du rétablissement du crédit public, les créances de l'État, désormais entourées de sérieuses garanties, devinrent plus recherchées. Bien loin, dès-lors, de s'adresser directement aux particuliers, et de se mettre par suite dans la nécessité de subir leurs exigences et les conditions qu'il leur plairait d'imposer, on fit appel, au contraire, à la généralité des commerçants et des industriels, de telle sorte, qu'en donnant la plus grande publicité possible aux fournitures à faire à la marine, on se ménagea tous les avantages de la concurrence. Toutefois, ce ne fut guère, comme nous l'avons dit, qu'à partir de 1828 que les marchés par adjudication publique commencèrent à être seuls usités; la loi du 31 janvier 1833, et les ordonnances du 4 décembre 1836 et du 31 mai 1838 consacrèrent définitivement le principe de la concurrence et de la publicité pour tous les achats à faire par le département de la Marine, et ne conservèrent la faculté de traiter de gré à gré que dans un très petit nombre de cas particuliers déterminés d'avance.

Toute adjudication repose sur un cahier des charges dans lequel sont énoncées avec détail les conditions de la fourniture, comprenant les formes, dimensions et qualités des objets à livrer, l'époque des livraisons, les charges imposées aux fournisseurs, etc., etc.

Ces conditions se divisent, en conditions générales applicables à toutes les fournitures, et en conditions particulières relatives seulement au genre de fournitures pour lequel on traite.

La rédaction du cahier des charges est confiée au commissaire aux approvisionnements, qui reçoit à l'égard des conditions qui doivent y être énoncées, tant sous le rapport de la quantité que de la qualité des objets, les renseignements et avis des directeurs chargés de les employer plus tard. Il est dressé autant de cahiers des charges qu'il y a d'objets de nature différente à fournir. Cette mesure est prise dans l'intérêt du commerce, afin de faire participer à la fourniture le plus grand nombre possible d'industriels.

Lorsque les cahiers des charges sont rédigés, le commissaire aux approvisionnements les présente à l'examen du Commissaire général et des chefs de service intéressés; ils sont ensuite transmis au Conseil d'administration du port et renvoyés, avec l'avis de ce Conseil, à l'approbation définitive du Ministre.

Les conditions générales, telles qu'elles étaient établies par l'ordonnance de 1817, ont subi, depuis, de profondes modifications, et sont actuellement remplacées par celles du 30 mars 1847.

La concurrence et la publicité sont, comme nous l'avons dit, la condition essentielle aujourd'hui de tous les marchés de la marine, quel que soit leur objet. Il est en conséquence du devoir de l'administration, avant de procéder aux adjudications, de faire appel à la concurrence par tous les moyens ordinaires de publicité. A cet effet, l'avis des adjudications est publié un mois à l'avance par la voie des affiches, journaux, etc. Cet avis fait connaître le lieu où l'on peut prendre connaissance du cahier des charges, les autorités chargées de procéder à l'adjudication, le lieu, le jour et l'heure où elle sera faite. La concurrence est illimitée, c'est-à-dire que chacun est libre de soumissionner, à la condition toutefois de fournir un cautionnement pour garantie de sa soumission. Ce cautionnement est différent de celui que l'adjudicataire est obligé de verser comme garantie de l'exécution du traité; c'est ce qui résulte, en effet, de l'article 17, paragraphe 2, des conditions générales de 1847, ainsi conçu : « Le dépôt de garantie des soumissions sera acquis au Trésor public, si, dans le délai fixé par les conditions particulières, le cautionnement à fournir pour garantie d'exécution n'a pas été versé. »

Les cautionnements peuvent se faire en inscriptions de rentes ou en numéraire : le dépôt exigé pour être apte à soumissionner se fait chez le Receveur des Finances, et chaque concurrent, en remettant sa soumission, doit y joindre le récépissé de la somme par lui versée. Ce dépôt est immédiatement restitué à ceux dont les offres ont été repoussées, et il est au contraire converti, pour l'adjudicataire, en cautionnement définitif, moyennant le versement, dans les délais prescrits, de la somme nécessaire pour le compléter.

La fixation du cautionnement varie suivant l'importance de la fourniture; il est, suivant la nature des objets, ou suivant la durée du marché, de 10, de 12, de 15, de 25 et de 30 pour % de la valeur annuelle de la fourniture.

Les soumissions doivent être écrites sur papier timbré, et indiquer le nombre des personnes ou les raisons sociales des compagnies qui se présentent pour soumissionner. Les concurrents déterminent eux-mêmes dans leurs soumissions les prix qu'ils demandent, et tout soumissionnaire qui se bornerait à offrir un rabais quelconque sur les prix d'un autre concurrent, devrait être rigoureusement écarté.

Quelquefois, cependant, l'administration établit elle-même des prix de base, et les concurrents se bornent, dans leurs soumissions, à proposer un rabais ou une augmentation de tant p. % sur les prix posés à l'avance; mais ce mode de traiter n'est usité que dans un petit nombre de cas.

Il arrive souvent que l'on comprend dans la même fourniture, des objets d'espèce et de valeur différentes, sans spécifier les quantités que l'adjudicataire aura à livrer. Si, en conséquence, celui-ci était admis à établir ses prix, en prenant pour base une unité de poids ou de mesure commune à tous ces objets, il pourrait, en l'offrant à des prix très réduits pour les objets dont il saurait n'avoir à livrer qu'une très-petite quantité, et en la cotant au contraire bien au-dessus de sa valeur pour ceux dont il se fait une consommation considérable, s'arranger de telle sorte que sa soumission, tout en présentant un résultat moins élevé que celle des autres concurrents, portât néanmoins un préjudice considérable au Trésor.

Ainsi, je suppose que du sable et du tripoli fassent partie de la même fourniture. Pour un kilogramme de tripoli, par exemple, on aura besoin de dix mille kilogrammes de sable; par conséquent, si on établit le prix de la première de ces matières par kilogramme, il faudra l'établir pour la seconde par dix mille kilogrammes, c'est-à-dire, spécifier les prix pour des quantités ayant entre elles le même rapport que les besoins présumés. On doit donc apporter une grande attention dans la détermination de ces rapports, qui doivent être énoncés dans le cahier des charges, et que l'on appelle rapports d'assortiment.

Nous avons dit que, dans la rédaction du cahier des charges, on devait avoir soin de décrire, dans le plus grand détail, les formes, les dimensions, l'espèce, la qualité des objets et les épreuves auxquelles ils doivent être soumis. Il est de règle en outre, lorsque la nature des objets le permet, d'adopter un échantillon ou modèle, dont les concurrents doivent prendre connaissance avant de soumissionner, et auquel ils doivent prendre l'engagement de se conformer. Ces échantillons doivent porter le cachet du contrôle et ils y restent déposés.

La description des matières formant l'objet du marché, celle des épreuves qu'elles doivent subir, l'indication des époques et l'importance des livraisons, la durée de la fourniture, etc., rentrent dans les conditions particulières. Elles sont énoncées avec le plus grand soin dans le cahier des charges; on y mentionne également à leur suite les obligations des fournisseurs à l'égard des rebuts, les engagements qu'ils contractent en cas de non-exécution des marchés ou de retard dans les livraisons, et enfin les justifications exigées dans les cas d'empêchements majeurs.

Séance de l'Adjudication. — Offres de rabais.

Après l'approbation définitive du cahier des charges par le Ministre, et un délai de 30 ou 40 jours, à partir du moment où les affiches ont été répandues, le Commissaire général, assisté du commissaire aux approvisionnements et des directeurs compétents, procède à l'adjudication. Les concurrents remettent leurs soumissions cachetées, en séance publique ; ils ne sont admis à en faire le dépôt que dans l'intervalle des 15 minutes qui suivent l'ouverture de la séance d'adjudication. Aucune soumission déposée et reçue ne peut être retirée.

Le Président de la commission a soin de rappeler au public les conditions de la fourniture, avant l'ouverture de la séance, puis il décachète les soumissions les unes après les autres, et en fait la lecture à haute voix, en présence du public.

Le soumissionnaire qui a offert les prix les moins élevés est déclaré adjudicataire provisoire. Si ces prix étaient en même temps offerts par plusieurs concurrents, il serait procédé, séance tenante, à une réadjudication entre eux seulement; et si elle était de nul effet, on procéderait à un tirage au sort.

Toute soumission qui contiendrait des clauses, soit restrictives, soit exceptionnelles, ou qui tendrait à modifier de quelque manière que ce soit les conditions du cahier des charges, devrait être regardée comme non-avenue, et rigoureusement écartée.

Après la désignation de l'adjudicataire provisoire, la commission doit procéder à la vérification de chaque soumission, et examiner si les engagements contractés par le concurrent dont la soumission a été acceptée, sont sincères et exécutables, ce qui n'aurait pas lieu dans le cas, par exemple, où les objets seraient cotés, dans ladite soumission, à des prix notoirement au-dessous de leur valeur réelle; dans ce cas, la commission a le droit d'annuler sa décision, et de désigner comme nouvel adjudicataire, celui des concurrents dont la soumission est classée immédiatement après celle qui a été rejetée.

Les résultats de l'adjudication sont consignés dans un procès-verbal signé des membres de la commission et de l'adjudicataire provisoire.

A partir du moment où l'adjudication a été prononcée, et dans un délai qui est fixé par le cahier des charges, toute personne est apte à faire une offre de rabais de **10 p. %**, au moins, sur les prix de l'adjudicataire provisoire.

Toutes les offres de rabais doivent être adressées directement au Commissaire général du port où l'adjudication a eu lieu. L'offre d'un rabais quelconque, qui ne peut cependant être moindre de **10 p. %**, doit être accompagnée d'un récépissé constatant le dépôt de la somme exigée pour soumissionner. L'effet de cette offre est de faire procéder à une réadjudication entre son auteur et l'adjudicataire provisoire.

Si dans les délais fixés, aucune offre de rabais n'était présentée, l'adjudicataire provisoire serait déclaré adjudicataire définitif, après l'approbation du marché par le Ministre.

En cas d'urgence, le Conseil d'administration du port peut rendre le marché définitif.

Dans le cas de besoins urgents, mais dans ce cas seulement, le Conseil d'administration du port peut prendre sur lui de rendre le marché définitif et de fixer l'époque et l'importance des livraisons à effectuer, sans attendre que le marché ait été approuvé par le Ministre. Toutefois, le Conseil d'administration ne peut user de cette faculté, quelle que soit l'urgence des besoins, lorsqu'en vertu d'ordres du Ministre, il a été passé le même jour et dans tous les ports, des marchés ayant trait à des fournitures identiques.

Délai dans lequel doit être notifiée l'approbation ministérielle.

L'approbation ministérielle étant indispensable pour rendre le marché exécutoire, les conditions générales de 1847 ont fixé un délai dans lequel cette approbation doit être notifiée. Dans les conditions générales de 1817, il était dit que tout marché qui n'aurait pas été improuvé dans un délai de 90 jours, recevrait son exécution pour le tiers des quantités désignées ; mais ce terme ayant paru trop long et préjudiciable aux intérêts de l'adjudicataire, les conditions générales de 1847 l'ont réduit à 30 jours, à partir, soit de la date du procès-verbal d'adjudication, soit du terme stipulé pour la présentation des offres de rabais, soit de la date du procès-verbal de réadjudication, s'il y a eu réadjudication. En conséquence, si dans le délai de 30 jours l'approbation du marché n'a pas été notifiée par le Ministre, l'adjudicataire est libre de renoncer à exécuter la fourniture, et il lui est donné main-levée du dépôt versé par lui.

Marchés de gré à gré.

Malgré la loi du 31 janvier 1833 et l'ordonnance du 4 décembre 1836, qui veulent que tous les achats se fassent avec concurrence et publicité, il est cependant, comme nous l'avons dit, des cas où l'administration traite de gré à gré avec les fournisseurs; mais elle ne doit user que très modérément de ce mode de marchés, et seulement lorsqu'il est impossible d'avoir recours à la voie des adjudications publiques.

Ce cas se présente dans les circonstances suivantes : lorsque les matières formant l'objet des marchés n'ont qu'un possesseur unique, ou sont exclusivement fabriquées par des porteurs de brevets d'invention ; lorsqu'il s'agit d'objets de précision qui doivent sortir des ateliers d'artistes connus, pour réunir toutes les qualités désirables ; lorsque dans la séance d'adjudication, la fourniture à faire n'a été l'objet d'aucune offre, ou seulement d'offres inacceptables ; lorsqu'enfin l'urgence des besoins ne permet pas de subir les délais nécessaires à une adjudication publique.

Les marchés de gré à gré sont débattus entre des commissions spéciales et les fournisseurs, sous réserve de l'avis du Conseil d'administration du port et de l'approbation du Ministre.

Marchés mixtes.

Il y a en outre des marchés mixtes, c'est-à-dire, dans lesquels la faculté laissée à l'administration de traiter de gré à gré, est combinée avec certaines formes de publicité et de concurrence. Lorsqu'il y a lieu de procéder à des marchés semblables, le choix à faire entre les soumissionnaires est déterminé, non d'après la simple comparaison des prix demandés, mais d'après l'appréciation des avantages que présente chaque soumission prise dans son ensemble, eu égard à la provenance, à la qualité, à la force des objets, etc.

Les règles dont il vient d'être question sont également applicables aux marchés d'urgence ; seulement on abrège, dans ce cas, les délais pour la publication et pour les offres de rabais.

Achats qui n'excèdent pas 500 francs.

Les achats qui n'excèdent pas 500 francs ont lieu sur conventions écrites ; ces conventions sont arrêtées entre le Conseil d'administration du port et les fournisseurs; elles n'ont pas besoin de l'approbation du Ministre pour être exécutoires; mais il est prescrit au Conseil d'administration de n'user de cette faculté que très modérément, et seulement lorsqu'il s'agit d'objets à livrer immédiatement dans des cas de besoins réels et urgents.

Commandes. — Par qui notifiées.

Les quantités d'objets à livrer en vertu de marchés, peuvent être déterminées ou indéterminées; dans le premier cas, les cahiers des charges indiquent les époques des livraisons; dans le second, au contraire, on se contente d'y insérer la clause que les commandes ne se feront qu'au fur et à mesure des besoins, et suivant les seules convenances du service. Ces commandes sont notifiées par le commissaire aux approvisionnements et visées par le Commissaire général.

Règles relatives à l'introduction des matières dans l'arsenal.

Les matières livrées en vertu de marchés, ne sont introduites dans les magasins que sur un ordre écrit du commissaire aux approvisionnements; cet ordre indique le lieu du dépôt, et n'est délivré que sur la remise de factures détaillées. Les objets compris dans la livraison doivent en outre porter les marques des manufactures ou ateliers de production, telles que cachets, timbres, plombs, etc.

Commissions de recette.

Les munitions et marchandises ainsi introduites par les fournisseurs, sont soumises à l'examen d'une commission ordinaire, qui en prononce l'admission ou le rejet ; cette commission est convoquée par le commissaire aux approvisionnements. Elle se compose, pour les matières et objets ressortissant du service des approvisionnements généraux de la flotte :

D'un officier de marine ayant au moins le grade de lieutenant de vaisseau ;

D'un officier de chacune des directions qui auront à employer les munitions à recevoir ;

D'un sous-commissaire aux approvisionnements.

Elle opère en présence et avec le concours du garde-magasin général ou de son délégué, l'Inspecteur dûment prévenu.

Elle se fait assister des maîtres et ouvriers qu'elle juge à propos de faire appeler, pour obtenir d'eux les renseignements nécessaires sur la qualité et la bonne confection des objets.

Les fournisseurs ou leurs représentants doivent être présents à toutes les recettes, assister à toutes les séances de la commission, et tenir note des pesées et mesurages, pour les collationner avec l'enregistrement qui en est fait par l'administration.

La commission examine, en premier lieu, la qualité des objets; elle s'assure s'ils sont conformes aux échantillons, et leur fait subir les épreuves mentionnées dans le cahier des charges, ainsi que toutes celles auxquelles elle jugerait à propos de les soumettre. En second lieu, elle constate la quantité des matières à recevoir; la totalité des objets composant chaque livraison doit être réunie dans les salles de dépôt, afin qu'il y ait autant d'épreuves et de réceptions, qu'il est fait de livraisons séparées.

Quand la commission ne croit pas devoir assister au détail des pesées et mesurages et à la constatation des quantités, cette opération est faite par un délégué du commissaire aux approvisionnements et le représentant du garde-magasin général, en présence du fournisseur ou de son fondé de pouvoirs, et sous la surveillance immédiate du sous-commissaire aux approvisionnements qui a fait partie de la commission de recette.

La commission délibère sur l'admission ou le rejet des marchandises, en présence ou hors de la présence du fournisseur, selon qu'elle le juge convenable, après avoir toutefois accueilli toutes ses observations, et pris acte de toutes les réclamations qu'il jugerait à propos de faire.

Le procès-verbal des opérations de la commission est dressé séance tenante et signé de tous ses membres. Il y est fait mention, pour les objets admis, de leurs qualités, de leur conformité avec les échantillons ; et pour ceux rebutés, de leurs vices et défectuosités. Ce procès-verbal relate, en outre, en vertu de quel marché les matières ont été livrées, la date de l'introduction, les quantités annoncées, et celles définitivement admises en recette.

Il est à propos de remarquer ici que les règlements laissent aux fournisseurs la faculté de livrer un vingtième en plus ou en moins des quantités spécifiées dans les marchés, que ces quantités soient livrées en une seule fois ou en plusieurs. Il est, en effet, le plus souvent très difficile aux fournisseurs de conformer exactement leurs livraisons aux quantités déterminées par les cahiers des charges, et en outre, mille causes, telles que le chargement, le déchargement, le transport, tendent à altérer la quantité des matières qu'ils expédient dans les ports. Toutefois, lorsque les fournitures sont soumises à un assortiment déterminé, la tolérance est réglée, dans ce cas, par le cahier des charges.

Immédiatement après la recette, le signe de propriété de la marine est appliqué sur les objets reçus définitivement ; les objets rebutés sont de leur côté marqués du signe R, afin qu'ils ne puissent être représentés par la suite, et les fournisseurs sont tenus de les faire enlever à leurs frais de l'arsenal, dans un délai qui est fixé par le cahier des charges.

Lorsque les fournisseurs ou leurs représentants présents aux séances de la commission, se croient fondés à réclamer contre les conclusions du procès-verbal, ils doivent en prévenir immédiatement le commissaire aux approvisionnements et adresser leurs réclamations par écrit, dans l'espace de vingt-quatre heures, au Préfet maritime. Il est alors sursis à la recette des objets jusqu'à la décision du Préfet, qui, s'il le juge convenable, fait procéder à un nouvel examen par une commission nommée extraordinairement. Les conclusions de cette commission sont définitives, et si les fournisseurs élèvent encore des réclamations, il ne leur reste que l'appel au Ministre lui-même.

Dans le cas de besoins urgents, auxquels il ne pourrait être pourvu sur-le-champ, soit par les soins du fournisseur, soit à ses frais, et lorsque les objets jugés défectueux ne présentent cependant pas des vices tels qu'ils doivent entraîner nécessairement un rejet absolu, le commissaire aux approvisionnements peut solliciter du Préfet maritime l'autorisation de faire apprécier, par la commission ordinaire des recettes, la réduction à apporter dans les prix, eu égard aux défectuosités des objets; toutefois, la recette avec réduction de prix ne peut avoir lieu que si le fournisseur y adhère et si le Préfet maritime y donne son approbation.

Nous avons dit que la commission de recette avait à examiner la qualité des objets et à leur faire subir toutes les épreuves susceptibles d'éclairer son opinion à cet égard; c'est donc ici le lieu de parler des conditions et des épreuves auxquelles la réception des principales munitions navales est soumise. Notre but n'étant pas d'entrer dans tous les développements qu'un semblable sujet comporte, nous ne traiterons que des bois, fers, cuivres, aciers, tôles, chanvres, toiles à voiles, et charbons ; quant aux autres munitions de moindre importance, telles que goudrons, peintures, etc., il y a trop peu de choses à dire sur les conditions auxquelles leur recette est soumise, pour qu'il soit besoin de nous en occuper.

Aperçu des modifications successivement introduites dans notre législation forestière.

Entre toutes les munitions navales qui composent l'approvisionnement des arsenaux, les bois de construction et de mâture tiennent la première place. Il sont livrés à la marine d'après des marchés passés avec concurrence et publicité ; ces marchés sont ordinairement conclus pour une durée de trois années, et sont assujettis aux règles que nous avons détaillées plus haut, règles communes, d'ailleurs, à toute espèce de fournitures.

Jusqu'en 1836, notre législation forestière, dans le but d'assurer l'approvisionnement des bois de construction nécessaires à la flotte, avait formellement consacré le droit de la marine sur les bois des forêts appartenant à l'Etat et aux particuliers. Ce droit, connu sous le nom de martelage, établi par Richelieu, maintenu et étendu par Colbert, aboli un moment par un décret du 29 Septembre 1791, qui rendit aux propriétaires la libre administration de leurs forêts, rétabli dès 1793, et néanmoins sans cesse contesté depuis par les particuliers, reçut une nouvelle consécration par l'ordonnance du 28 Août 1816, qui régla définitivement toutes les formalités relatives au martelage, à l'exploitation, à l'abattage et à la recette des bois propres à la marine.

Mais cette ordonnance, bonne, ainsi que le fait remarquer M. Tupinier, sous le rapport de la facilité avec laquelle les approvisionnements se faisaient, présentait de graves inconvénients.

Obligés de recevoir tous les bois frappés du marteau de la marine, quelles que fussent leur espèce et leurs quantités, les ports se trouvaient la plupart du temps dans l'impossibilité d'assortir leurs approvisionnements suivant leurs besoins respectifs, ou en prévision des besoins éventuels ; il en résultait que très souvent tel port se trouvait encombré d'une certaine espèce de bois dont on était totalement dépourvu dans tel autre, et réciproquement. Ainsi, avait-on besoin à Brest, par exemple, de bois courbants ? Il pouvait se faire, grâce au genre d'exploitation usité dans les contrées avoisinantes chargées d'approvisionner ce port, que les livraisons effectuées pendant une ou plusieurs années ne continssent pas de bois de cette espèce, tandis qu'ils affluaient là au contraire où la disette de bois droits se faisait uniquement sentir.

Ces inconvénients, joints à la nécessité de se renfermer dans les limites du budget, ce qu'il était impossible de faire tant que la marine se trouvait obligée d'accepter forcément, lors des coupes, qui n'avaient pour règles que la convenance des propriétaires, tous les bois martelés par elle, motivèrent l'adoption de la loi du 21 Mai 1827. La marine conserva son droit de martelage dans les forêts de l'Etat, et pour dix ans seulement dans celles des particuliers ; mais les formalités inextricables et inutiles, dit M. Tupinier, dont on a embarrassé la livraison des bois martelés dans les forêts de l'Etat, les seules aujourd'hui où la marine ait droit de martelage, rendent illusoire le privilége que la loi lui a concédé.

Le département de la Marine n'a donc d'autre ressource aujourd'hui, pour assurer le service de ses approvisionnements de bois, que de s'adresser aux exploiteurs de forêts, soit en France, soit à l'étranger, et de traiter avec eux pour la fourniture de ses bois de construction et de mâture.

Tarifs de recette et de classement des bois de construction.

Parmi les bois que nous fournit le sol forestier de la France, le chêne occupe la première place, par son importance dans les approvisionnements des arsenaux. Ce sont les bois de cette essence qui nous fournissent les quilles, étambots, baux, barrots, brions, courbes, en un mot toutes les pièces fondamentales de la carcasse d'un vaisseau. Les commissions de recette ne peuvent donc apporter trop de soin dans l'admission des bois de chêne soumis à leur examen ; leur attention doit se porter sur les formes et les dimensions des pièces, sur leurs qualités, et particulièrement sur les vices qui pourraient en motiver le rejet.

Les bois varient de prix suivant les formes et les dimensions des pièces, abstraction faite de leurs qualités intrinsèques ; la première chose à faire lorsqu'on procède à leur recette, est donc de les classer suivant leur degré d'utilité et le plus ou moins de difficultés qu'on peut avoir à se les procurer. Cette opération, toutefois, n'est pas laissée à l'arbitraire des commissions, mais est assujettie à des règles fixes qui font l'objet de tarifs adoptés par le Ministre.

Les bois propres à la construction sont divisés en six classes déterminées, soit par la nature des pièces, soit par la provenance ou l'essence des bois, savoir :

1° Les bois de chêne de toutes provenances en *signaux* divers ;

2° Les bordages et planches de chêne de toutes provenances ;

3° Les bois résineux d'essence supérieure et de toutes provenances en baux et barrots ;

4° Les bois résineux d'essence supérieure et de toutes provenances en billons, poutres, bordages et planches ;

5° Les bois de Suède et de Norwège en poutres et planches ;

6° Les bois d'orme en billes et billons.

A chacune de ces divisions correspond un tarif calculé de manière à embrasser toutes les pièces de bois de bonne essence et de configuration régulière qu'offre la nature, quelles que soient d'ailleurs leurs dimensions. Ces tarifs sont des cadres où l'on a groupé, en catégories ou *espèces*, toutes les pièces de bois appartenant à une même division, de manière que leur valeur soit graduée suivant leur degré d'utilité ou leur rareté.

Les bois de chêne de construction, autres que les planches et les bordages, sont désignés par un *signal* destiné à indiquer la configuration de la pièce et l'emploi auquel elle est propre ; autant que possible, chaque espèce ne comprend que des signaux ayant tous à peu près même valeur.

Jusqu'à présent on s'était servi, pour le classement et la recette des bois, du tarif de 1827 ; mais incomplet et insuffisant sous plusieurs rapports, ce tarif vient d'être refondu et remplacé par celui du 28 juillet 1852, aujourd'hui seul en vigueur.

Dans ce dernier tarif, de nouvelles espèces ont été créées, de nouveaux signaux établis, de nouvelles dimensions adoptées pour certaines espèces ; enfin, on y a introduit tous les changements que réclamaient les méthodes actuelles des constructions navales, la pénurie de nos ressources forestières, et la nécessité de classer distinctement certains signaux jusqu'alors confondus, pour faciliter à l'administration les moyens de se rendre compte des ressources réelles des dépôts.

Les bois de construction classés dans le tarif n° **1**, le plus important d'ailleurs, se divisent en :

Bois droits. . . . . Quilles, étambots, mèches de gouvernails, bittes, plançons, poutres, baux, etc.

Bois courbants. A une courbure : jas d'ancres, demi-varangues, bouts d'allonges, etc.

A deux courbures dans le même plan : genoux de revers, allonges de revers, etc.

A deux courbures dans des plans différents : bois à deux bouges.

Petits bois : bois de barque, bois de chaloupe.

Courbes. . . . D'étambot, de jottereau, brion, courbe de pont.

Les épaisseurs et largeurs déterminées par le tarif sont mesurées au milieu des longueurs des pièces, sauf dans les cas où il est fixé un minimum au milieu et au petit bout.

Pour les courbes, les longueurs du pied et de la branche sont mesurées à partir d'un sommet déterminé par la rencontre de deux lignes droites tracées, par les milieux des largeurs, sur une des faces latérales de la courbe. C'est à un mètre de ce sommet, mesuré sur lesdites lignes, que doit être mesurée l'ouverture.

Les équarrissages sont mesurés au milieu de la longueur de chaque partie.

Vices particuliers aux bois de chêne.

Les vices dont peuvent être entachés les bois de chêne sont : la roulure, la gélivure, la quadranure, la pourriture sèche, la torsion des fibres.

La roulure est une fente à peu près circulaire, dont l'effet est de détacher presque en entier le cœur de l'arbre du bois de la circonférence. Ce défaut a pour inconvénients de diminuer la solidité de la pièce, de permettre à l'eau de s'infiltrer dans son intérieur et d'en déterminer la pourriture, de rendre le chevillage moins solide, et enfin d'empêcher que la pièce puisse être réduite à de moindres dimensions, l'équarrissage ayant en effet pour résultat de rapprocher du mal les fibres des faces de la pièce, et de diminuer par suite leur adhérence.

La gélivure est un vice analogue à la roulure, seulement les fentes, au lieu d'être concentriques au cœur de l'arbre, se dirigent dans le sens des rayons de la section, c'est-à-dire, du cœur de l'arbre à la circonférence; ces fentes, lorsqu'elles sont nombreuses et très larges, et surtout lorsqu'elles s'étendent dans une grande partie de la longueur de la pièce, sont, pour les mêmes causes que la roulure, un motif de rebut.

La quadranure n'est qu'une combinaison de la roulure avec la gélivure.

La roulure, la gélivure et la quadranure se reconnaissent facilement à l'extrémité de la pièce ; si celle-ci paraît être profondément viciée, elle est rebutée de droit, à moins que le fournisseur ne consente expressément à la faire scier à quelques centimètres du bout; on s'assure alors de la gravité du vice dont la pièce est attaquée, et la commission prononce son admission ou son rejet suivant le cas; mais il est bien entendu que la pièce n'est plus payée que d'après ses dimensions réduites.

Le commencement de pourriture est une cause de rebut, lorsque le mal pénètre à une petite distance du cœur. Ce vice se fait souvent remarquer aux environs des grosses branches mortes sur pied, et provient, soit de la filtration de l'eau de pluie, soit de l'épanchement d'une partie de la sève que le contact de l'air met en fermentation. On s'assure de la profondeur du mal en faisant sonder les parties attaquées au moyen du ciseau ou de la tarrière.

La torsion des fibres est produite ordinairement par l'effet du vent sur les arbres ou l'action du soleil; ce défaut se reconnaît facilement à la seule inspection de la pièce; il est de peu d'importance pour les bois courbants, mais devient une cause de rebut absolu pour les bois droits, attendu que les fibres n'étant point parallèles à l'axe de la pièce, mais affectant des courbures plus ou moins prononcées, sont nécessairement coupées en différents endroits par l'équarrissage, ce qui diminue la force de la pièce.

On doit aussi ranger parmi les pièces inadmissibles, celles dont les vives arêtes offriraient des défournis trop considérables, trop nombreux ; ou si on jugeait à propos de les admettre malgré ces défauts, il faudrait opérer comme compensation une réduction notable sur leur cubage.

Outre ces causes de rebut, il en est encore d'autres qui résultent des maladies propres aux bois de chêne, telles que la grisette, le bois noir, la huppe, la jaunisse, la pourriture sèche. Ces maladies sont plus ou moins communes dans les arbres, suivant le climat des régions et la nature du sol qui leur ont donné naissance. En général, les arbres des contrées méridionales sont plus sains que ceux du nord ; ils sont plus sujets à la pourriture et à toutes les maladies de ce genre dans les climats humides que dans les climats chauds ; ainsi les bois de Provence ont, sous ce rapport, une supériorité marquée sur les bois provenant des contrées septentrionales de la France, dont le sol est bas et constamment humide.

La maladie que l'on rencontre le plus fréquemment, surtout dans les arbres du bassin de la Saône, est la *grisette* ; on la reconnaît à des veines de couleur jaune ou brune qui suivent les fibres du bois, et à l'odeur de tabac très prononcée qu'elles répandent. Cette maladie paraît être le résultat de la fermentation de la sève mise en contact avec l'air ; ainsi une branche coupée, une blessure faite à l'arbre sur pied, sont les causes les plus ordinaires qui donnent naissance à la grisette. Lorsque la maladie est devenue presque incurable, ces taches ou veines sont parsemées de points blancs ; dans ce cas, on la désigne sous le nom de *chair de poule*.

La grisette à l'état jaune ou brun, et non encore parsemée de points blancs, s'appelle grisette morte ou sèche, lorsqu'elle a perdu son humidité; dans cet état, ses progrès sont très lents, si l'on a soin surtout de préserver la partie attaquée de l'humidité; malgré ce défaut, une pièce peut donc encore, pendant longtemps, rendre de très bons services.

Lorsque les arbres attaqués d'un commencement de grisette sont très jeunes, l'activité de la végétation ne permet pas souvent à la maladie de s'étendre, et les blessures ne tardent pas à être recouvertes; la partie attaquée prend alors seulement une couleur noirâtre et reste sans vie : c'est ce qu'on appelle le *bois noir*. Dans cet état, le bois garde l'odeur qui lui est propre, et il ne perd aucune de ses qualités; aussi le bois noir n'est-il pas une cause de rebut.

Le bois mort se reconnaît à des veines blanchâtres de bois très friable, qui suivent la direction des fibres ligneuses. Lorsque le mal ne s'étend pas loin, il suffit de l'extraire pour empêcher l'humidité de le faire entrer en fermentation et de corrompre les couches voisines. Si, au contraire, le mal pénètre dans l'intérieur, ce qui a lieu lorsqu'il a été produit par la pourriture de quelques racines, on est souvent obligé de rejeter la pièce, ou du moins de la tronçonner.

Le bois mort se présente quelquefois en couches annulaires ou sous la forme de croissants d'un blanc plus ou moins sale; ce vice est occasionné par le froid qui gèle l'aubier et le fait mourir. Les bois du bassin du Rhône renferment souvent du bois mort.

La huppe est une décomposition du bois, ordinairement indiquée par un point d'une couleur plus foncée, qui se fait remarquer dans l'intérieur d'un nœud; le bois ainsi décomposé est blanchâtre, mou, friable, et exhale une forte odeur de champignon; le foyer du mal a ordinairement une forme sphérique.

On appelle *jaunisse*, des taches jaunâtres, de forme circulaire, qui entourent le centre de l'arbre ; on la reconnaît en faisant rafraîchir avec la hache l'extrémité de la pièce ; cette maladie paraît être un commencement de pourriture sèche, aussi est-elle une cause de rebut.

La pourriture sèche s'étend dans l'intérieur de la pièce, sans qu'aucun indice extérieur puisse souvent en faire soupçonner l'existence ; le bois ainsi attaqué prend une couleur de canelle, devient mou, friable, et finit par se réduire en une poussière fine assez semblable au tabac d'Espagne. Les chênes du nord de la France, et en particulier ceux du bassin de la Seine et de la Loire, sont très sujets à cette maladie, d'autant plus dangereuse, qu'on la reconnaît difficilement, et qu'on ne s'en aperçoit souvent qu'en façonnant la pièce.

Les bois de chêne sont quelquefois attaqués par un petit insecte ailé, connu sous le nom de limexylon naval. Cet insecte dépose ses œufs dans les fentes et fissures du bois, et la larve qui en résulte gagne l'intérieur de l'arbre, où elle se nourrit des substances molles et humides du cœur. Les piqûres de cet insecte, quoique souvent imperceptibles, déterminent une fermentation de la sève qui produit la grisette. Il faut donc apporter le plus grand soin, lors de la recette des bois, dans l'examen des pièces qui présentent des traces de piqûres, et s'assurer, par des entailles profondes, de l'étendue du mal. Quant aux gros trous de vers, ils ne présentent d'autres inconvénients que d'affaiblir la pièce, les gros vers ne laissant après eux aucun germe de pourriture. Les bois de Provence et de Sardaigne sont très peu sujets à la piqûre ; tandis que ceux de la Romagne, du bassin de la Saône et du nord de la France en sont souvent atteints.

Conditions particulières pour la recette des bois de mâture.

Après les bois de chêne, si importants pour la construction des vaisseaux, viennent les pins, sapins et mélèzes du Nord, qui nous fournissent les planches, bordages, et les mâtures petites et grandes. Nous tirons en général ces bois des forêts de la **Russie** et de la **Pologne**; d'autres nous viennent de la **Floride** et du **Canada**; mais ces derniers, qui n'ont été reçus jusqu'à ce jour qu'à titre d'essai, paraissent devoir être rejetés comme bois de mâture, vu leur peu de flexibilité.

Les bois de mâture doivent, pour être admis en recette, avoir les couches ligneuses égales, la substance résineuse suffisamment abondante, le grain fin et serré, les fibres rapprochées et adhérentes, en sorte que quand on entame la pièce, les copeaux s'en détachent sans sauter en éclats sous le coup de la hache, ou si l'on veut les désunir, ils se déchirent au lieu de se rompre. (*Instruction sur la recette des bois de mâture du 29 Février* 1848.) Ces qualités, au reste, se manifestent davantage dans les arbres de fraîche coupe que chez ceux abattus depuis longtemps.

Des taches ou une teinte plus foncée dans les couches éloignées que dans celles voisines du cœur, annoncent un arbre vicié; il faut en outre que l'odeur qu'elles répandent soit celle de térébenthine affaiblie; si elle était mélangée d'une saveur d'amande, ou si elle était fétide, ce serait une preuve que la pièce n'est pas saine. Les taches sur le pourtour de la pièce annoncent du double aubier; il faut alors la sonder et parvenir avec l'herminette jusqu'au bois sain : on le reconnaît lorsque les copeaux minces que l'on en détache résistent à une torsion de trois ou quatre tours entre les doigts, et ne se cassent que les uns après les autres.

L'absence de substance résineuse, les nœuds gros, multiples et gâtés, annoncent un arbre dont l'essence est viciée. (*Instruction sur la recette des bois de mâture du 29 Février 1848.*) La gélivure, la quadranure sont, comme pour les bois de chêne, des causes de rebut, attendu que ces défauts engendreraient la prompte pourriture des pièces par une immersion prolongée dans l'eau, mode ordinaire de conservation des bois de mâture.

L'entr'écorce, la frotture, lorsqu'elles occasionnent un commencement de pourriture, de l'arc dans les deux sens et même dans un seul, le cœur de l'arbre placé sur le côté, sont autant de vices qui altèrent la qualité du mât et le rendent souvent absolument impropre, sinon à tout service, du moins à celui auquel il eût été destiné d'après ses dimensions.

Classification des bois de mâture. — Du proportionné des mâts.

On divise les bois de mâture en plusieurs classes déterminées par leurs dimensions en longueur et en grosseur, et par les qualités intrinsèques des pièces elles-mêmes.

Dans la première classe, sont rangés les mâts et vergues d'hune de 51 à 78 centimètres, lorsqu'ils ont d'ailleurs le proportionné voulu et qu'ils sont parfaitement sains.

Le nombre de centimètres par lequel on désigne en général la catégorie à laquelle appartient un mât, se mesure sur le diamètre du gros bout à un sixième environ de la longueur totale du mât; mais pour que le mât soit apte à être classé dans l'une des catégories adoptées par le tarif, il faut que le nombre de centimètres du petit bout et la longueur de la pièce, soient dans un certain rapport avec le nombre de centimètres du gros bout. Ce rapport est constant pour toute espèce de mâts: la longueur doit toujours être égale en mètres, au tiers du nombre de centimètres du gros bout, et le diamètre du petit bout où le proportionné du mât, mesuré au point où finit la longueur du mât régulier, doit être égal aux deux tiers du grand diamètre; d'après cela, les mâts de première classe doivent avoir en longueur de 17 à 26 mètres, et leur proportionné est compris entre 54 et 51 centimètres.

En conséquence, avons-nous à classer et à recevoir un mât? Nous procéderons comme il suit : nous mesurerons d'abord sa longueur totale et ensuite son grand diamètre, en nous conformant à ce qui a été dit plus haut à ce sujet. Supposons que nous ayons trouvé 28 mètres pour la longueur et $0^m,75$ pour le grand diamètre : d'après les règles que nous avons posées, il faudra, pour que le mât soit classé et payé comme mât de 75 centimètres, que sa longueur soit de 25 mètres (le tiers du nombre de centimètres du gros bout), condition qu'il satisfait déjà d'ailleurs, et qu'à cette distance de son pied, le proportionné soit les deux tiers de 75 centimètres ou 50 centimètres. Si à cette distance le mât n'avait que 49 centimètres, par exemple, on descendrait le proportionné à 24 mètres, et le mât ne serait payé que comme mât de 72 centimètres; seulement on paierait, d'après des tarifs déterminés à cet effet, l'excédant en longueur, qui serait de 4 mètres; l'excédant au grand diamètre, qui serait de 3 centimètres, et l'excédant au petit, qui serait de 1 centimètre.

Le mesurage du gros diamètre procède de trois en trois centimètres, celui du petit de centimètre en centimètre; les fractions de 15 millimètres et au-dessous ne sont pas comptées pour le gros bout, mais au-dessus de 15 millimètres, elles comptent pour 3 centimètres; quant au petit diamètre, il est toujours évalué en négligeant les fractions de 5 millimètres et au-dessous, et en comptant celles au-dessus de 5 millimètres pour 1 centimètre.

5

Reste maintenant le degré de qualité du mât qui le classera définitivement.

Pour qu'il entre dans la première classe, c'est-à-dire pour qu'il soit jugé apte à faire un mât de hune ou une vergue, il faut que la pièce soit droite, parfaitement saine, sans nœuds ni vices préjudiciables à sa solidité ; si elle présente quelques défauts légers, tels que nœuds petits et nombreux quoique sains, ou bien de l'aubier épais faisant craindre qu'on ne soit obligé de diminuer le proportionné, ou enfin si le proportionné n'est pas régulier, la pièce tombe dans la catégorie des mâts de deuxième classe ou de troisième, suivant que ces défauts sont plus ou moins importants.

La deuxième classe comprend les mèches et jumelles supérieures de 51 à 84 centimètres. — Longueur 17 à 28 mètres — diamètre au petit bout 34 à 56 centimètres. — Ce proportionné peut ne pas être régulier pour les mèches, mais doit être rigoureusement exact pour les jumelles. Sont rangés dans la catégorie inférieure, ceux de ces mâts que leurs défectuosités ne permettent pas de faire entrer dans la deuxième classe.

On entend par défectuosités (*Instruction du 29 février 1848*), 1° le mât un peu tors sur deux sens ou même assez tors sur un seul, pour qu'on soit obligé de le redresser aux dépens du bois, ce qui en diminue la force ; 2° le mât chargé de nœuds trop multipliés ou trop gros, ou dont quelques-uns sont gâtés ; 3° celui dont la cîme est ou desséchée, ou dans le cas d'être réduite pour cause d'altération ; 4° le fil du bois tourné, effet des coups de vent que l'arbre a essuyés ; 5° les roulures, gerçures, frottures peu considérables, s'étant assuré, autant qu'on peut le faire sans trop dégrader la pièce, que le mal ne pénètre pas.

La troisième classe comprend les mèches et jumelles inférieures de 51 à 84 centimètres. — Longueur 17 à 28 mètres

— proportionné au petit bout 34 à 56 centimètres. Elle se compose, comme nous l'avons dit, de toutes les pièces que des défectuosités quelconques ont empêché de classer dans la deuxième catégorie.

Sont classés comme mâts tronçonnés, tous ceux qui, en raison de nœuds trop nombreux, ou autres vices, devront être coupés au-dessous de leur longueur régulière, mais qui seront néanmoins encore susceptibles, après cette réduction, de former des beauprés d'une seule pièce.

Ces mâts proviennent ordinairement d'arbres morts sur pied, couronnés ou attaqués de pourriture; ils sont reçus au stère et sont moins payés en raison de leur peu de qualité; mais on doit admettre tous ceux qui, par une réduction convenable, peuvent être purgés des vices dominants dont ils sont attaqués.

Enfin, les mâtereaux de choix de 36 à 48 centimètres et les menus mâtereaux de 24 à 33 centimètres, doivent avoir au moins une longueur de 15^m,60 à 16^m,80 pour les premiers, et de 12 à 15 mètres pour les seconds; ils doivent en outre être droits, sains, d'une belle essence, sans défauts ni nœuds préjudiciables à leur solidité.

Excédants.

Nous avons dit que lorsqu'un mât présentait un excédant sur la longueur ou la grosseur déterminée par la catégorie à laquelle il appartenait, il était tenu compte de cet excédant. Les excédants sont payés de trois en trois centimètres pour le grand diamètre, et par progression d'un centimètre pour le petit; des tarifs calculés avec soin, indiquent l'augmentation de valeur qui résulte d'un excédant en longueur et en grosseur, soit au gros, soit au petit bout.

On a pris pour base de ces calculs, le prix du mètre cube, tel qu'il ressort des marchés passés avec les fournisseurs. Au reste, pour bien faire comprendre comment sont calculés les tarifs des excédants, nous transcrivons ici un passage du *Traité de la Mâture*, de Forfait. Rien de plus clair que les explications qu'il donne à ce sujet ; remarquons seulement que, pour opérer conformément à ses indications, il faudrait aujourd'hui remplacer dans le calcul chaque palme par 3 centimètres, chaque tiers de palme par 1 centimètre, et chaque pied par 3 décimètres.

« On a cubé, dit Forfait, tous les mâts proportionnés depuis treize jusqu'à trente palmes, et on a déterminé la valeur du pied cube pour chacun d'eux, conformément aux prix des marchés passés avec les fournisseurs ; ensuite on a calculé l'augmentation qui résulterait sur le cube pour chaque mât, en supposant trois cas différents : 1° une augmentation d'une palme en grosseur sur le grand diamètre ; 2° une augmentation d'un tiers de palme sur le petit ; 3° une augmentation d'un pied sur la longueur ; enfin, on a fixé la valeur du pied cube compris dans l'augmentation qui résulte de ces trois suppositions différentes, sur le prix du pied cube de chaque mât proportionné ; d'où il a été facile de déduire la valeur due pour chaque mât, relativement à l'augmentation d'une palme au gros bout, d'un tiers de palme au petit, et d'un pied sur la longueur. »

Ajoutons ici qu'on n'a pas égard à l'excédant de longueur, lorsque le mât se termine en queue de rat.

Pour les mâts viciés, il n'est payé aucun excédant ; il n'est pas tenu compte non plus des excédants en longueur des beauprés, et en général, tout excédant que le vice ou la réduction d'une pièce de mâture rend impropre au service auquel elle était destinée d'après ses dimensions, doit être négligé. Cependant, lorsque les commissions jugent certains excédants susceptibles d'un emploi quelconque, elles peuvent en tenir compte en mentionnant leur décision dans le procès-verbal.

Fers laminés ou martelés.

Les fers forgés, laminés, ou martelés, sont fournis à la marine en vertu de marchés dont les conditions sont ordinairement déterminées par les cahiers-types envoyés de Paris.

Ils doivent, en général, être tous d'origine française, et les fournisseurs sont tenus de présenter des certificats d'origine émanés des autorités civiles.

Les fers sont ordinairement fournis en barres rondes ou carrées, dont les dimensions sont fixées par le cahier des charges. Pour être admis en recette, les fers doivent être régulièrement calibrés d'un bout à l'autre, parfaitement laminés, et présenter des surfaces nettes, sans défauts ni indices de pailles. Les épreuves auxquelles ils sont ordinairement soumis, consistent en épreuves à froid et en épreuves à chaud ; elles se pratiquent de la manière suivante :

Dans l'épreuve à froid, on incise la barre d'un seul côté, puis on opère la rupture à coups de marteau à bras, en frappant toujours dans le même sens ; d'après l'aspect que présente la section de rupture, on en conclut la bonne ou la mauvaise qualité du fer. Si l'épreuve a lieu sur des fers laminés de petit calibre, la section de rupture doit présenter un nerf délié ; si on opère, au contraire, sur des fers laminés de gros calibre ou des fers martelés, la section doit présenter un grain fin et homogène, qui, chez les premiers, doit être en outre entremêlé de nerfs de couleur claire et argentée.

La résistance à froid du fer au choc du marteau se constate en frappant la barre avec un marteau à bras d'un poids déterminé ; la barre, après avoir été ainsi frappée, est aussitôt redressée, et l'opération recommence ; on continue de cette manière jusqu'à ce que la rupture de la barre s'ensuive, ce qui ne doit pas avoir lieu avant le cinquième redressement pour les fers laminés, et le troisième pour les fers martelés.

Comme troisième épreuve, on engage le fer dans une mortaise de même diamètre que la barre à éprouver, et on la plie à angle droit, puis on la redresse; le fer doit résister, sans se briser, à deux allées et venues au moins. Dans ces deux dernières épreuves, les fers martelés doivent être recuits au rose.

Enfin, on éprouve la résistance des fers à la presse hydraulique; la tension qu'ils doivent supporter sans que leur élasticité soit altérée, celle qui doit déterminer la rupture, et l'allongement qui doit résulter du tirage, sont fixés par les conditions particulières et varient suivant la nature des fers.

Toutes ces épreuves à froid doivent être faites, autant que possible, à une température de 10 à 15 degrés centigrades.

Les épreuves à chaud se font comme il suit :

Après avoir chauffé au blanc une barre prise au hasard, on la recourbe à son extrémité, de manière à lui faire faire un crochet à angle droit; ce crochet est ensuite redressé, et, dans cette opération, le fer ne doit se rompre dans l'angle intérieur qu'au tiers environ de son épaisseur; la section de rupture doit en outre avoir l'apparence d'une déchirure et non d'une section nette; on forme alors un deuxième crochet, puis un troisième, mais toujours dans des sens opposés, et ce n'est qu'au troisième redressement que le crochet doit se détacher.

La deuxième épreuve se pratique en perçant consécutivement, et d'une seule et même chaude, dans un bout de la barre chauffé au blanc, deux trous, d'un diamètre égal, pour les fers plats, aux deux tiers de la largeur du fer, et pour les fers carrés ou ronds, aux trois quarts; les fers ronds sont à cet effet aplatis du tiers de leur diamètre. Les fers, dans cette épreuve, ne doivent ni se fendre ni se gercer.

Pour éprouver si le fer se soude bien, et si son grain ne change pas par l'action des chaudes, on casse une barre par le milieu, puis on en soude les deux bouts; après cela on rompt la barre au marteau à l'endroit de la soudure, ou on la soumet à la traction de la presse hydraulique. Le fer est réputé de bonne qualité, s'il ne se rompt qu'à une traction peu inférieure à celle qui a déterminé la rupture de la barre intacte, et si le grain est resté le même qu'avant la soudure.

Enfin, la commission chargée de la recette des fers doit faire confectionner devant elle certains objets, tels que cosses, œils de manille, organeaux à boulon, et éprouver la résistance de ces objets à la traction, au moyen de poids déterminés par les conditions particulières du marché.

Les fers dont le grain est foncé et dont l'éclat est terne, ainsi que ceux dont le grain de couleur claire a un éclat métallique et brillant, doivent être rebutés. Des pailles légères, en petit nombre, ne sont pas un motif de rebut; mais des cricures sur les arêtes dans le sens perpendiculaire à l'axe de la barre, ou des fentes longitudinales indiquant une soudure imparfaite, sont des vices rédhibitoires.

Fers à cornières.

Les cornières doivent être d'origine française et fabriquées en fer corroyé de première qualité; les barres doivent être coupées nettes, sans bavures et d'équerre de chaque bout, et ne présenter ni paille ni gerçures; enfin, elles doivent se souder avec facilité.

Pour les éprouver, on courbe à chaud, en manchonnant, une des faces de la cornière en demi-cercle, l'autre face étant maintenue plane, et on perce à froid des trous ayant le diamètre de rivets dans le milieu de la face plane, surtout dans la partie cintrée. On ouvre ensuite et l'on ferme à chaud la cornière dans sa longueur, en cintrant une des faces, soit en dedans, soit en dehors; dans toutes ces opérations, il ne doit se manifester ni fentes ni gerçures.

Fers blancs et noirs en feuilles.

Les cahiers des charges précisent ordinairement les dimensions que doivent avoir les feuilles et leur poids moyen. Elles doivent être confectionnées avec du fer doux bien laminé, sans gerçures ni défauts, le fer-blanc entièrement recouvert d'étain pur. L'étamage à étain mélangé ne doit être toléré que dans le fer-blanc terne; hors ce cas, toute feuille voilée doit être rebutée.

Aciers.

Les aciers sont fournis en barres plates, carrées ou rondes, dont les dimensions sont également déterminées par les conditions particulières. Les barres criquées sur les arêtes, d'un calibre inégal, ou dont les bouts ne sont pas coupés nets, sont rebutées sans essai préalable.

Pour s'assurer de la qualité des aciers, on doit constater :

1° La manière dont ils se comportent à chaud, soit qu'on les chauffe, soit qu'on les soude, soit qu'on les forge à diverses températures.

2° La manière dont ils se comportent à froid, lorsqu'on les travaille au burin, à la lime et au tour.

3° La manière dont ils supportent la trempe, la finesse du grain, la dureté et la résistance qu'ils présentent, selon le degré de chaleur auquel ils ont été trempés ou recuits.

4° Le service qu'ils peuvent faire quand ils sont mis en œuvre, soit comme tarauds, burins ou crochets de tour, soit comme outils de machine à aléser, à planer et à buriner.

Les aciers présentés en recette doivent ne pas se montrer inférieurs à ceux fournis en échantillon, et classés par une commission d'après l'emploi dont on les a jugés susceptibles.

Fontes noires d'Angleterre et d'Ecosse.

Les Fontes noires d'Angleterre et d'Ecosse sont fournies en gueuses de 25 à 40 kilogrammes ; les saumons doivent présenter à la cassure un aspect d'un gris noir à grandes facettes, et leur surface supérieure doit être sensiblement plane.

Pour apprécier la netteté des arêtes et l'uni des surfaces, on fait ordinairement couler trois poulies à gorge à rayons évidés, dont le montage est confié à des ouvriers habiles.

On éprouve ensuite la tenacité du métal en formant, avec des gueuses prises au hasard, huit à dix barreaux dont les dimensions sont déterminées par les conditions particulières ; au milieu de chacun de ces barreaux, préalablement soutenus à leurs extrémités par deux appuis, sont suspendus des poids que l'on augmente jusqu'à occasionner la rupture de la barre ; quand elle a lieu, on note la charge qui l'a déterminée, et la moyenne de toutes ces charges, non compris la plus faible et la plus forte, ne doit pas être inférieure à celle qui est fixée par les conditions du marché.

La cassure de ces barreaux doit être d'une couleur homogène, gris foncé à grains un peu noirs, pour les fontes anglaises, et gris noir à gros grains, pour celles d'Ecosse. Les fontes doivent en outre être faciles à travailler au burin et au tour, et leur tenacité ne doit pas être sensiblement altérée par trois coulages successifs, au moins.

Tôles.

Les tôles doivent être bien laminées, douces et homogènes, d'égale épaisseur, sans gerçures, fentes ou boursoufflures ; les bords doivent être droits, coupés nettement d'équerre, sans laisser aucun défourni. Elles sont éprouvées à chaud et à froid d'après l'usage suivi dans les ateliers des ports, par la confection d'un ouvrage difficile et analogue à l'emploi auquel elles sont destinées. Elles doivent être susceptibles d'être planées, coupées, percées et rivées à froid sans se gercer ni se rompre.

Cuivres.

Autrefois les cuivres étaient livrés à la marine par des fournisseurs qui recevaient des arsenaux eux-mêmes tous les vieux cuivres accompagnés d'une certaine quantité de cuivres rosette ; mais cette manière d'opérer n'offrait aucune économie, et compliquait beaucoup toutes les opérations de comptabilité ; rien en outre ne constatait que dans les objets livrés par les fabricants, on n'avait employé que les cuivres qu'ils avaient reçus de la marine. En conséquence, les ports s'approvisionnent aujourd'hui de cuivres ouvrés ou bruts, au moyen de marchés passés avec des entrepreneurs qui fournissent la matière et la main-d'œuvre. Les livraisons se composent de barres rondes ou plates, d'objets confectionnés, ou de feuilles à doublage. Les épreuves ont pour but de constater la bonne qualité du cuivre, son degré de pureté, et la parfaite similitude des objets présentés en recette avec les échantillons adoptés.

Chanvres.

Les chanvres sont une partie importante de l'approvisionnement des ports ; ils sont un produit de notre sol français, et doivent être accompagnés de certificats constatant leur origine nationale, pour être admis dans les arsenaux. Les départements où l'on s'occupe le plus de la culture du chanvre sont ceux de l'Isère, de la Sarthe et de la Haute-Marne.

Les chanvres, pour être admis en recette, doivent être sains, nets, secs, exempts d'avaries, purgés de chênevottes, de pattes et de corps étrangers. Ils ne doivent pas présenter de rubans; les brins doivent être divisés et avoir une longueur comprise entre 1 mètre et 1 mètre 60 centimètres; cependant, on tolère ordinairement un dixième en brins de 50 centimètres à 1 mètre; mais ils doivent être bien mélangés avec les autres.

Les balles de chanvre sont examinées, poignée par poignée, par la commission de recette, et toutes celles qui ne présenteraient pas les conditions ci-dessus énoncées, devraient être rejetées.

Les chanvres sont soumis aux épreuves suivantes, servant à constater leur force :

On prend au hasard, dans la livraison, une balle ou plus; on la fait peigner avec soin et de manière à obtenir, sur un quintal métrique, 92 kilogrammes de matière destinée à être filée immédiatement; rendu à ce degré d'épuration, le chanvre est converti en fil de 144 mètres de longueur, ayant la même torsion et la même grosseur que les fils d'emploi, c'est-à-dire 8 ou 9 millimètres de circonférence, et environ six hélices pour 11 centimètres de longueur; si, par défaut de longueur ou d'épuration du chanvre, les fils n'étaient pas unis et calibrés au degré nécessaire, l'épreuve ne serait pas poussée plus loin.

Avec ces fils, on confectionne deux quaranteniers d'épreuve d'une circonférence de 47 millimètres à peu près, mesurée après que la pièce a été dégourdie. Le nombre des fils d'emploi, la distance à laquelle ils doivent être ourdis, le degré de torsion à donner, soit aux torons lors de l'assemblage des fils, soit au quarantenier lors du commettage, sont déterminés par le cahier des charges.

Après la confection de ces quaranteniers, qui, toutes les opérations terminées, doivent avoir exactement chacun 36 mètres de longueur, on retranche à chaque extrémité une partie de chaque pièce, de manière à la réduire à 24 mètres; puis on partage ces 24 mètres restant pour chacun des quaranteniers, en six bouts mesurés exactement à 4 mètres de longueur. Cela fait, on rompt chacun de ces bouts à la romaine de M. Hubert, et la moyenne des efforts supportés par eux, non compris le plus fort et le plus faible, pour chacun des quaranteniers, doit s'élever au moins à 1750 kilogrammes.

Toiles à voiles.

Les toiles à voiles sont divisées en huit numéros ayant une largeur uniforme de $0^m,57$, et une longueur qui ne dépasse pas ordinairement 60 mètres; elles doivent être faites avec des chanvres de choix, d'origine française, filés à sec à la mécanique.

Les commissions chargées de la recette des toiles à voiles doivent s'attacher surtout à constater la qualité des fils d'emploi et leur degré d'épuration et de torsion; elles doivent s'assurer en outre, au moyen des procédés chimiques ordinaires, si l'on n'a pas fait usage, soit dans le lessivage, soit comme apprêt, soit dans le but de donner une fausse coloration à la toile, de matières ou de substances propres à l'altérer ou à la faire fermenter. Enfin, le tissage doit être l'objet d'un examen particulier de la part des membres de la commission, et ils doivent rejeter toutes les pièces qui présenteraient des clairières trop prononcées dans le sens de la chaîne, ou des irrégularités trop grandes dans le sens de la trame.

L'opération que l'on fait ordinairement subir à la toile pour s'assurer du poids de l'encollage et du degré d'épuration des fils, consiste à peser un mètre de toile bien séchée à l'étuve, puis à le faire laver à fond à l'eau chaude, et à le peser de nouveau après l'avoir fait sécher; la différence que l'on constate entre ces pesées successives fait connaître le degré d'apprêt de la toile. Le degré d'épuration des fils s'obtient par un procédé analogue; seulement, on ne se contente pas, dans ce cas, de laver la toile, mais on la lessive à 6 p. % d'alcali (sous-carbonate de soude caustifié) et on la fait bouillir pendant douze heures.

Enfin, les épreuves relatives à la force de la toile sont faites au dynamomètre, sur des bandes de toile de $0^m,05$ de largeur, qui, pour la chaîne comme pour la trame, doivent avoir $0^m,57$ de longueur. Ces épreuves doivent porter sur le dixième de la livraison, et en cas de résultat défavorable, sur toutes les pièces présentées en recette.

Houilles.

La houille est une substance minérale composée, dans des proportions variables, de charbon, de bitume et d'huile essentielle; elle contient en outre généralement, mais en petite quantité, des oxides, des sulfates de chaux, de soude, etc., et des débris organiques. On distingue sous le nom générique de houille, deux espèces de minerais combustibles, l'anthracite ou houille éclatante, et la houille proprement dite. La première brûle très difficilement, et seulement lorsqu'elle est en grande masse; aussi est-elle moins en usage que la seconde, dont elle se distingue par la quantité de carbone qu'elle contient et qui varie de 93 à 97 p. %, abstraction faite des cendres. Elle est noire, brillante, sèche, et brûle sans flamme; on ne s'en sert que dans les fonderies et partout où l'on a besoin d'une haute température.

La houille proprement dite se divise en houille grasse, houille sèche ou maigre, et houille compacte. Elle doit présenter les qualités suivantes : 1° être sèche, afin de ne produire, par sa combustion, que peu de vapeur; on sait, en effet, que la vapeur d'eau entraîne avec elle une forte quantité de calorique; 2° ne contenir que le moins possible de matières terreuses, telles que l'ardoise et autres substances étrangères qui nuisent à sa qualité; 3° les fragments doivent être d'un brillant noir, opaques, cassants, et quelquefois même friables comme les houilles de Saint-Étienne.

La houille grasse, excellente pour les forges, doit s'agglomérer, se tasser, se gonfler, se ramollir au feu, et former une voûte de charbon agglutiné. La houille sèche, au contraire, ne s'agglutine jamais; mais elle brûle difficilement, et produit une flamme bleuâtre et une fumée fétide et sulfureuse. La houille compacte est bonne pour la grille; elle donne un charbon poreux, et brûle facilement avec une flamme blanche brillante; mais elle produit moins de chaleur que les autres variétés.

La houille pour le chauffage des bateaux à vapeur doit être de première qualité, de fraîche extraction, et exempte, autant que possible, de soufre et de matières étrangères; elle doit brûler vivement, sans se coaguler et sans beaucoup engorger les grilles des fourneaux; pour que cette condition soit remplie, il faut que les charbons de terre présentés en recette, soient en roches de dimension moyenne, c'est-à-dire que les fragments ne soient ni trop fins ni trop gros; dans le premier cas, en effet, ils passeraient entre les barreaux des grilles et se souderaient de manière à former une croûte difficile à enlever, et dans le second, ils intercepteraient le passage de l'air et brûleraient très diffilement.

En général, il est stipulé dans les marchés passés par la marine, que l'on n'admettra en recette qu'une quantité de menu charbon égale, au plus, au dixième de la livraison totale ; tout le menu trouvé en excédant est en conséquence rendu au fournisseur.

Pour s'assurer que cette proportion entre le menu charbon et celui en roches n'a pas été dépassée, on met de côté et en un tas, pendant le cours du déchargement, une manne de charbon sur dix ; et quand tout a été débarqué, on passe au crible le charbon ainsi mis à part. Le menu est alors pesé avec soin, et son poids, par rapport à celui du tas d'épreuve, doit être d'un dixième tout au plus. Si cela n'a pas lieu, on rend au fournisseur, comme nous venons de le dire, une quantité de menu égale à celle trouvée en excédant du dixième toléré.

Les charbons piriteux ne peuvent jamais être admis en recette.

CHAPITRE III.

RECRUTEMENT DES ÉQUIPAGES DE LA FLOTTE.
ÉQUIPAGES A TERRE ET CORPS ORGANISÉS.

Considérations sur le recrutement des équipages de la flotte en général.

L'armée navale se recrute par l'inscription maritime, par la conscription, et par les enrôlements volontaires.

L'inscription maritime, qui est encore aujourd'hui la base de notre établissement naval, et à laquelle les deux autres modes de recrutement ne viennent en aide que dans des proportions comparativement très faibles, doit être regardée comme l'institution qui a le plus efficacement contribué à la consolidation de notre puissance maritime, et au développement de notre commerce. OEuvre des deux Colbert, leur génie créateur l'avait douée d'une telle vitalité, que toutes les réformes, toutes les révolutions, qui ont successivement modifié les mœurs et les institutions de la France, n'ont pu l'entamer. Seule, au milieu de tant de débris, elle est restée debout, respectée même des gouvernements les plus libéraux ; tous l'ont léguée à leurs successeurs sans oser y toucher ; et après avoir subi l'épreuve de tous les régimes, après avoir passé par les mains des conventionnels, des constitutionnels de la restauration et de la monarchie de Juillet, et des républicains de 1848, elle nous est parvenue telle, ou à peu près telle qu'elle avait été primitivement fondée par les grands Ministres de Louis XIV.

Cependant, il faut bien l'avouer, en principe, cette institution n'est pas parfaitement conforme aux règles d'une bonne justice distributive ; et si, de tout temps, même à l'époque où les idées libérales étaient le plus en faveur, on a autant que possible évité d'amener les discussions sur ce terrain, au sein du parlement, c'est bien moins, disons-le, par respect pour l'œuvre d'un génie éminemment organisateur, que parce qu'on n'avait aucun système sérieux à faire prévaloir, et qu'ébranler une institution à laquelle étaient peut-être attachées les destinées de la marine, sans avoir d'idées arrêtées, de données positives sur le régime qu'il conviendrait de lui substituer, c'était assumer une responsabilité devant laquelle chacun reculait.

Ce n'est pas ici le lieu d'agiter une question de cette importance, à savoir si le maintien de l'inscription maritime, telle qu'elle existe aujourd'hui, est la condition essentielle *et sine quâ non* de notre établissement naval, et s'il ne serait pas possible de trouver, dans le régime de la conscription, des ressources suffisantes pour combler, avec avantage peut-être, les vides qu'occasionnerait, dans le personnel de nos inscrits, l'application à ces derniers d'un régime plus libéral. Cependant notre opinion, à cet égard, est formée depuis si longtemps, et les observations que nous avons pu faire à bord des bâtiments de la flotte en ont si bien confirmé la justesse à nos yeux, que nous ne pouvons nous empêcher de l'exprimer ici.

Il y a dans la composition de tout équipage, deux éléments distincts à considérer : 1° l'élément mécanique, ou la partie de l'équipage destinée à produire une somme déterminée de force brute ; 2° l'élément intellectuel, ou la partie instruite, expérimentée de l'équipage, destinée à employer et à utiliser cette force.

Prenons un exemple : le service d'une pièce de canon exige, comme on sait, un plus ou moins grand nombre d'hommes, suivant le calibre de la pièce, c'est-à-dire suivant son poids et la difficulté qui en résulte pour sa manœuvre ; de telle sorte que, si on parvenait à trouver un métal aussi léger que le liége, par exemple, pour remplacer la fonte, le chef de pièce et le chargeur suffiraient pour le service de la pièce, la présence des autres servants n'étant, à rigoureusement parler, destinée qu'à produire la somme de force musculaire nécessaire pour mouvoir la lourde machine. Il en est de même pour la plupart des manœuvres qui s'exécutent à bord ; à quelques exceptions près, chaque homme ne concourt à leur exécution, que par l'adjonction de son effort *musculaire* individuel à l'effort collectif du reste de l'équipage.

Quelles sont, en effet, les fonctions de l'immense majorité des hommes à bord des bâtiments de guerre, les gabiers et les canonniers d'élite (chefs de pièces et chargeurs) exceptés ? Ils sont employés au service de l'artillerie, à la mousqueterie, aux manœuvres de force qui s'exécutent sur le pont, et enfin à quelques manœuvres particulières qui exigent la présence d'un assez grand nombre d'hommes dans la mâture.

Sous le rapport de l'aptitude au canonnage et à la mousque-terie, il n'est d'abord personne qui soutienne que les hommes du recrutement le cèdent en rien à ceux de l'inscription mari-time; il y a mieux, c'est que, s'il existe une différence, elle est toute à l'avantage des premiers; on trouve chez eux plus de docilité, plus de bonne volonté en général que chez les marins de l'inscription, qui, indépendants par nature ou par suite des habitudes qu'ils contractent à bord des navires du commerce, semblent se transmettre de père en fils une sorte d'horreur pour tout ce qui tient de près ou de loin au métier de soldat.

Il n'y a donc que les manœuvres nécessitant la présence dans la mâture d'un grand nombre d'hommes, qui puissent fournir une objection valable contre l'adoption d'un système qui per-mettrait de faire entrer les hommes du recrutement en plus forte proportion dans la composition de nos équipages. Mais ces manœuvres elles-mêmes, à quoi se réduisent-elles? A lar-guer et à serrer des voiles; est-ce donc là quelque chose de si difficile? Faut-il absolument avoir été élevé sur un navire, pour oser s'aventurer sur une vergue? Et des jeunes gens de vingt ans, alertes et vigoureux, peuvent-ils longtemps se laisser intimider par un exercice de la gymnastique la plus élémen-taire? J'accorde qu'ils ne soient pas maîtres d'une certaine émotion, la première et la seconde fois qu'ils sentiront la corde d'un marche-pied vaciller sous leurs efforts; mais ensuite, comme cela a lieu pour les jeunes gens de l'Ecole navale, ils considéreront comme un jeu l'obligation si redoutable pour eux tout d'abord, d'aller au bout d'une vergue y amarrer un raban.

Sans doute un navire dont l'équipage serait entièrement com-posé d'hommes de l'inscription, serrerait ses voiles et manœu-vrerait, dès le premier jour de sa mise en rade, infiniment mieux que celui qui compterait dans son personnel un grand nombre de conscrits levés d'hier ; mais ce ne serait là une ob-

jection sérieuse, qu'autant que l'expérience aurait démontré l'impossibilité de tirer en peu de temps un excellent parti des conscrits, et d'en faire, sinon de *fins* matelots, du moins des marins
aptes à tous les travaux qu'on exige de la généralité des hommes
de l'équipage.

Or, l'expérience a justement démontré le contraire, jusqu'à
présent. Toutes les fois qu'on s'est occupé activement, avec
méthode et persévérance, de l'instruction nautique des conscrits
à bord de nos bâtiments, on a obtenu les résultats les plus sa-
tisfaisants. Malheureusement, il faut bien le dire, le nombre
des bâtiments sur lesquels cette expérience a été faite est fort
restreint ; le désir de parader, de rivaliser, dès les premiers
jours de la mise en rade, avec les bâtiments plus anciennement
armés, fait négliger trop souvent l'adoption d'un plan d'instruction suivie ; pour faire bonne contenance vis-à-vis des autres
navires, on sacrifie tout à l'extérieur ; les rôles sont dressés de
manière à ce que tous les postes un peu importants soient oc-
cupés par des inscrits, et une fois les fonctions ainsi réparties
entre tous les membres de l'équipage, c'est une affaire faite pour
tout le reste de la campagne. Les hommes du recrutement sont
définitivement parqués sur le pont ; on ne s'occupe plus d'eux, ou
si, à de rares intervalles, on paraît songer à leur instruction, on y
met toujours si peu de suite et si peu de méthode, que ces hommes
n'en retirent jamais le moindre fruit : et cette classe déshéritée,
ne voyant dans sa position à bord aucun avenir, aucun moyen
de se distinguer, se décourage, se rebute, et ne fait plus rien
pour sortir de son obscurité.

Telle est à nos yeux l'unique cause du petit nombre d'hommes du recrutement qui fassent de bons matelots. Mais qu'on
procède autrement à leur égard ; qu'au lieu de les considérer
tout d'abord comme des non-valeurs et de les traiter comme
des gens dont il est impossible de tirer parti, on paraisse

compter davantage, au contraire, sur leur intelligence et leur activité ; qu'on leur fournisse en outre les moyens de s'instruire et de se distinguer ; qu'on excite leur amour-propre ; qu'on s'efforce d'entretenir la bonne volonté dont ils sont ordinairement animés en entrant au service, et qu'ils ne perdent irrévocablement ensuite que grâce à l'indifférence qu'on leur témoigne ; que les maîtres, en général peu indulgents pour leur ignorance nautique, s'étudient surtout à ne pas les dégoûter, dès le principe, par la brusquerie de leurs procédés, et, nous osons l'affirmer, le résultat de ces efforts sera la condamnation des idées que l'on se fait généralement, de l'inaptitude de ces hommes au métier de la mer.

Nous croyons donc fermement que notre inscription maritime, ce régime exceptionnel qui pèse d'une manière si lourde sur la population de notre littoral, peut sans danger faire place à une organisation plus libérale. Nous disons mieux : c'est que toute mesure qui tendrait à alléger les charges des marins inscrits, en faisant entrer en plus forte proportion les hommes du recrutement dans la composition de nos équipages, aurait sur l'avenir de notre marine la plus salutaire influence. Il est bien entendu, toutefois, que l'instruction de nos conscrits marins ne serait point laissée à l'arbitraire d'un chacun, mais qu'on les formerait au métier de la mer, d'après un vaste système d'éducation nautique, et avec tout le soin qu'on apporte dans les régiments à l'instruction des recrues.

Inscription maritime.

L'institution que nous appelons aujourd'hui *inscription maritime*, fut primitivement fondée sous le nom de *classes*, parce qu'elle établissait des classes ou séries pour l'enrôlement des gens de mer. Chaque classe devait servir l'Etat, une année sur trois, sur quatre, ou sur cinq, suivant les provinces ; mais les classes non employées étaient libres de servir sur les bâtiments du commerce ; seulement, lorsque leur tour de service arrivait, les hommes qui les composaient étaient tenus de se présenter aux officiers des classes. L'origine de ce système d'enrôlement remonte à l'année 1665 ; appliqué seulement d'abord dans les provinces de Poitou, de Saintonge et de Guyenne, il ne fut étendu que plus tard à tout le royaume, et ne reçut sa consécration définitive qu'en 1673.

L'ordonnance de 1689 compléta, par ses dispositions, l'ensemble des règles à suivre pour l'enrôlement des gens de mer, et devint le code fondamental destiné à régir la population maritime de la France. Toutefois, ce classement des marins en catégories servant alternativement pendant une année sur les bâtiments de guerre, ne pouvait convenir qu'à l'époque où fut inauguré le régime des classes. Alors, en effet, la France n'entretenait pas encore de flottes permanentes ; les armements étaient annuels, et les campagnes n'ayant lieu que pendant la belle saison, les bâtiments, à l'approche de l'hiver, venaient désarmer dans les ports ; le renouvellement périodique des équipages ne présentait donc pas les inconvénients qu'il offrirait aujourd'hui. D'ailleurs, pour faire supporter moins impatiemment, à la classe des gens de mer, la perte de leur indépendance, il était d'une politique habile de ne pas leur faire envisager le joug qu'on leur imposait comme trop lourd à porter ; et en n'exigeant d'eux qu'une année de service sur trois, sur quatre, ou sur cinq, on les effarouchait bien moins que si on leur eût demandé tout de suite un service d'une plus longue durée.

Mais, à mesure que nos relations internationales s'étendirent, à mesure que notre influence politique et commerciale se développa, il fallut songer à assurer à nos intérêts et à nos nationaux une protection efficace et incessante par-delà les mers.

Dès lors, nos armements prirent un caractère de permanence qu'ils n'avaient point eu auparavant; les campagnes devinrent plus longues, et la coutume de venir hiverner dans les ports tomba en désuétude.

Ce nouvel état de choses était incompatible avec un renouvellement annuel des équipages ; il ne pouvait, en effet, plus être question du temps que les marins passeraient à bord des bâtiments de l'État, lorsqu'ils seraient levés pour le service, du moment où la durée des expéditions n'était plus assujettie à des limites fixes. En conséquence, l'ordonnance du 31 octobre 1784 abrogea le mode de classement établi par Colbert, et au lieu de diviser les marins en classes alternant entre elles chaque année, les distribua en deux grandes catégories, celle des hommes mariés et celle des célibataires, ces derniers devant rester au service de l'État un tiers de temps de plus que les premiers.

Forcée par les circonstances et les besoins de l'État d'accroître les charges imposées aux gens de mer, la nouvelle législation se proposa du moins, comme on le voit, de répartir ces charges de manière à avantager la classe des marins qu'on supposait être les plus nécessaires à leurs familles. A ce point de vue, donc, on ne peut qu'applaudir aux dispositions de l'ordonnance de 1784.

Cependant, en y réfléchissant attentivement, il est facile de remarquer que, pour que les intentions du législateur fussent remplies, c'est-à-dire, pour que le surcroît de charges imposé à la catégorie des garçons, pût influer d'une manière sensible et avantageuse sur les tours d'appel au service des gens mariés, il eût fallu que les deux catégories fussent à peu près égales en nombre; or, c'est ce qui était loin d'avoir lieu. En effet, le marin se marie jeune; insouciant par nature, et exposé d'ailleurs à de fréquentes absences qui ne lui permettent pas de surveiller ses intérêts, il sent de bonne heure la nécessité de s'associer un être qui s'en occupe pour lui, qui le soigne et pourvoie à tous ses besoins quand il est à terre. Le nombre des marins mariés devait donc être, à l'époque dont nous parlons, de beaucoup supérieur à celui des garçons, d'autant plus que, pour échapper aux charges qui pesaient sur ces derniers, les marins célibataires s'empressaient de remplir les conditions exigées pour être classés dans la catégorie privilégiée. Aussi, l'avantage que la loi avait cru accorder aux hommes mariés, était-il, vu la grande disproportion des deux classes, tout-à-fait illusoire.

Ce ne fut que plus tard, grâce au mode de classement définitivement adopté par la loi du 3 brumaire an IV, que la position de famille des individus eut une influence réelle sur les tours d'appel au service. Aux deux grandes catégories dont il a été question, on substitua quatre séries destinées à partir alternativement, et comprenant : la première, les célibataires; la seconde, les veufs sans enfants; la troisième, les hommes mariés sans enfants; la quatrième, les pères de famille.

La classe qui partait la première, était celle des célibataires; puis, quand elle était épuisée, on passait à la seconde; et ainsi de suite. En outre, dans chaque classe, les hommes ayant le moins de service sur les bâtiments de guerre, étaient appelés les premiers; et à égalité de service, le plus anciennement débarqué était tenu de marcher. De cette manière, les charges se trouvaient réparties aussi équitablement que possible.

Depuis la loi du 3 brumaire an IV, aucune loi nouvelle n'est venue en modifier les dispositions. L'Inscription maritime (c'est le nouveau nom sous lequel fut désigné le régime des classes) ne peut donc être légalement régie aujourd'hui que par cette loi. Cependant ses dispositions, en ce qui concerne la classification dont il a été parlé plus haut, ne sont plus exécutées. En vertu d'une circulaire ministérielle du 9 mai 1835, les levées sont aujourd'hui permanentes, c'est-à-dire qu'on ne puise plus dans toute une catégorie les hommes nécessaires au service ; mais on prend, au fur et à mesure des besoins, tous les hommes de vingt à quarante ans qui n'ont pas encore navigué sur les bâtiments de guerre, ou qui comptent le moins de service à l'Etat. Cette considération est actuellement la seule à laquelle on ait égard, et celle relative à la position de famille de l'individu n'est plus que secondaire.

Grâce à ce système, il est rare que dans les circonstances ordinaires, les marins de l'Inscription soient appelés à servir l'État plus de trois ans ; mais la moindre augmentation dans nos armements ne permettrait plus de suivre, à l'égard des levées, les règles en vigueur aujourd'hui. Tout l'avantage est donc en faveur des hommes du recrutement, et tout le désavantage se trouve, au contraire, du côté des marins de l'Inscription ; car, tandis que ces derniers, quels que soient d'ailleurs leurs services antérieurs, sont toujours sous le coup d'un appel au service, et cela jusqu'à l'âge de cinquante ans, les enrôlés volontaires et les hommes du recrutement ne peuvent, eux, être requis pour le service, ni en temps de paix, ni en temps de guerre, à moins qu'ils ne continuent à naviguer, auquel cas ils sont portés sur les matricules des gens de mer, et peuvent être levés, mais en temps de guerre seulement.

Pour atténuer l'inégalité des charges que l'on fait peser sur les deux éléments du personnel de nos vaisseaux, on a demandé que la mesure d'un temps de service exigé, une fois pour toutes, en temps de paix, fut appliquée à l'armée de mer comme à l'armée de terre ; ce temps serait fixé à quatre années, par exemple, à l'expiration desquelles les marins ne seraient plus requis pour le service qu'en cas de guerre. Nous croyons ce système parfaitement praticable, à la double condition : 1° de faire entrer les hommes du recrutement pour moitié dans la composition de nos équipages; 2° de réduire leur temps de service à quatre années, et de les former ensuite en contrôles de réserve, destinés à ne servir qu'en temps de guerre, mais d'où ils seraient rayés dix ans après leur libération du service.

De cette manière, on rétablirait une certaine égalité entre les régimes si différents auxquels sont soumis les deux éléments du personnel de notre flotte; notre population maritime ne se trouverait plus, et cela sans qu'il en résultât aucun préjudice pour l'Etat, traitée d'une manière exceptionnelle; le nombre d'hommes qu'elle aurait à fournir étant moindre, le choix aurait une plus large part dans la composition de cette partie de l'équipage qui se recrute exclusivement chez elle; enfin, on ne se priverait pas pour les besoins d'une guerre, comme cela aurait lieu aujourd'hui, des services de la totalité de ces hommes exercés au canonnage et à la mousqueterie, qu'on instruit, grâce au système actuel, sans profit pour l'avenir.

Il faut bien le reconnaître, en effet, on compte beaucoup trop sur les ressources de l'Inscription maritime, et on ne se préoccupe pas assez des embarras inextricables dans lesquels nous jetterait une subite déclaration de guerre; or, je le demande, ce cas échéant, où irait-on chercher les 40,000 marins que l'armement de nos seuls vaisseaux et frégates exigerait? Mais j'admets qu'en épuisant nos ports de commerce, en ramassant tout ce qui, à un titre quelconque, est inscrit sur les matricules, on parvienne à réunir le nombre d'hommes nécessaires : croit-on que nous serions véritablement, pour cela, en état de soutenir avantageusement une lutte? Il est permis d'en douter. Ce qu'il faut, en effet, pour n'être pas éternellement vaincus, c'est tenir hardiment la mer dès le début de la guerre, engager résolument les hostilités, et frapper les grands coups, avant que l'ennemi ait eu le temps de se rendre invulnérable. Or, il est évident que, pour débuter dans une guerre par des entreprises audacieuses, par des attaques hardies, il faut des forces imposantes, sinon par le nombre des vaisseaux, au moins par la qualité des hommes ; et si leur éducation militaire et leur apprentissage, comme marins, sont encore à faire au moment même où il s'agirait de les lancer bravement dans la carrière, autant vaut renoncer tout de suite à prendre la mer pour terrain de la lutte.

Ce n'est pas, en effet, quand la guerre est déclarée, et alors que nos ports sont bloqués, qu'il est temps de songer à former nos équipages, et ce serait s'exposer à de cruels mécomptes que de compter, pour une guerre offensive, sur des hommes qui n'auraient été ni exercés, ni instruits, ni disciplinés de longue main. Aussi, ne faut-il pas trop s'étonner, lorsqu'on médite sur les causes de nos grands désastres maritimes, du découragement qui s'emparait de Villeneuve, et de son désespoir, à la seule idée d'affronter, avec son innombrable mais impuissante escadre, la petite armée de Nelson, si unie, si compacte, si aguerrie ; c'est qu'il savait trop bien, l'infortuné amiral, qu'aucune force humaine ne pouvait donner à son pêle-mêle d'hommes et de vaisseaux, l'unité et la cohésion de la flotte de son rival !

En conséquence, pour ne point renouveler les tristes expériences du passé, l'important pour nous serait d'avoir constamment sous la main, prête à répondre au premier appel, une masse d'hommes déjà rompus à tous les exercices et manœuvres des vaisseaux, et qui, pour acquérir en peu de temps l'ensemble et l'unité qui font la force des vieux équipages, n'auraient besoin que de la main d'un chef énergique et habile.

Pour nous ménager un semblable personnel en cas de guerre, nous ne voyons pas de moyen plus simple que l'institution des contrôles de réserve, avec les conditions que nous avons posées plus haut. Ainsi, en évaluant à 40,000 le nombre des marins que la mise sur pied de toutes nos forces navales obligerait à appeler instantanément au service, on voit tout de suite, qu'avec des équipages dans la composition desquels les marins de l'inscription n'entreraient que pour moitié, ce serait un cadre, une réserve de 20,000 hommes provenant de la conscription, à toujours tenir au complet.

Au moyen de cette réserve, véritable *landwher navale*, destinée uniquement à pourvoir nos flottes de canonniers et de fusiliers, nous ne serions jamais pris au dépourvu, et pourrions, vingt-quatre heures après une déclaration de guerre, réunir un personnel suffisant pour armer cinquante vaisseaux de ligne. L'Inscription maritime serait, en effet, toujours là pour nous fournir nos matelots proprement dits, et cela sans effort, puisque leur nombre serait considérablement réduit; de sorte que, d'un côté, nous n'épuiserions pas notre population maritime, ainsi qu'il arrive aujourd'hui dès que nos armements prennent la moindre extension; et de l'autre, nous n'aurions recours à elle que pour lui emprunter ses hommes les plus robustes et les plus capables, avantage inappréciable pour qui connaît le rachitisme de certains indigènes de notre littoral.

Si un pareil système était adopté, il suffirait de demander 2,000 hommes par an à la conscription; sur ces 2,000 hommes, 600 sortiraient, chaque année, brevetés des frégates ou du vaisseau de canonnage, et le reste serait réparti également entre les divisions de Brest et de Toulon; là, on les exercerait pendant un an, soit à terre, soit à bord de bâtiments affectés à cet usage spécial, au canonnage, au maniement du fusil et aux travaux de matelotage. Passé cette année d'apprentissage réglementaire, ils seraient, au fur et à mesure des besoins, répartis entre les divers bâtiments de la flotte, sur lesquels ils serviraient activement pendant trois ans au moins, ou quatre ans au plus, et ce serait seulement à l'expiration de ce temps de service, qu'aurait lieu leur inscription sur les contrôles de réserve.

Ainsi, dans l'espace de quatorze années, on se créerait une imposante réserve de 20,000 hommes, qui, ajoutés aux 6,000 toujours en activité de service à bord des bâtiments, formeraient un contingent de 26,000 hommes fournis uniquement par la conscription.

Nous ne donnons pas, bien entendu, ces chiffres comme ceux que l'on devrait absolument adopter, notre but étant seulement d'indiquer ici la voie dans laquelle on devrait enfin entrer. Une fois le principe admis, on combinerait le nombre d'années de service à exiger, ainsi que le chiffre des hommes à demander annuellement à la conscription, suivant les ressources du budget, sans que toutefois le besoin ou le désir de faire des économies puisse jamais faire perdre de vue le but qu'il faut atteindre à tout prix ; savoir : former en temps de paix des hommes qu'on puisse retrouver pour armer nos flottes au premier bruit de guerre.

Quelle que soit, au reste, l'opinion de nos lecteurs sur cette question, nous n'insisterons pas davantage pour leur faire partager la nôtre ; les développements dans lesquels il nous faudrait entrer pour démontrer combien notre système est, non-seulement avantageux, mais praticable, nous entraîneraient trop loin, et cette digression nous a déjà assez éloigné de notre sujet, pour que nous songions à y revenir.

Conséquences de l'Inscription et conditions pour être inscrit.

Le fait dominant, qui est à lui seul la base de la législation en vigueur, c'est que tout homme exerçant le métier de marin appartient, par cela seul, à l'Etat, qui peut l'enlever à sa famille, à son travail, et le retenir à son service aussi longtemps et aussi souvent qu'il le juge convenable.

Ces droits exorbitants de l'Etat sur la personne du marin, résultent du fait même de sa profession; aussi n'est-il inscrit, c'est-à-dire définitivement acquis à la flotte, soit pour le présent, soit pour l'avenir, que lorsqu'il a lui-même déclaré, par-devant le commissaire de l'inscription maritime, vouloir exercer la profession de marin ; hâtons-nous d'ajouter, cependant, que cette déclaration n'est exigée qu'autant que le marin remplit les conditions d'âge, et réunit le nombre de mois de navigation déterminés par la loi.

Suivant l'ordonnance de 1784, on était apte à être inscrit à l'âge de dix-huit ans, si l'on avait un an de navigation, soit à bord des bâtiments du Roi, soit au commerce. La loi du 3 brumaire an IV a corroboré ces dispositions, en modifiant toutefois la condition relative au temps de navigation, qu'elle fixe à dix-huit mois au lieu d'un an. La même loi a établi en outre, que deux campagnes au long-cours, ou deux années de petite pêche, suffiraient pour constater la profession du marin. En conséquence, dès l'âge de dix-huit ans, tout homme qui réunit l'une de ces trois conditions, est tenu de se présenter devant le commissaire de l'inscription, pour se faire porter sur les matricules.

Les obligations du marin envers l'Etat commencent du jour de son inscription, pour ne cesser qu'à l'âge de cinquante ans, sauf le cas où il déclarerait formellement vouloir renoncer à la navigation.

Dans le principe, les infirmités seules pouvaient soustraire le marin aux charges qui pesaient sur lui ; mais la faculté de quitter sa profession lui fut concédée par l'ordonnance de 1784, qui fixa d'ailleurs à soixante ans la limite de l'âge auquel les gens de mer étaient aptes à être requis pour le service. Depuis, on a successivement réduit cette limite à cinquante-six ans, et enfin à cinquante.

La faculté de renoncer à la navigation et d'obtenir par ce

moyen sa radiation des matricules, n'a été accordée au marin, comme nous venons de le voir, qu'à la condition d'en faire la déclaration au commissaire, et, d'un autre côté, il n'est définitivement libéré qu'après l'expiration d'une année passée sans aller à la mer. Le fait seul de s'adonner à la pêche ou à la navigation, après cette déclaration, le ferait immédiatement reporter sur les matricules, et il en serait de même si, après l'année expirée, ou par la suite des temps, il se livrait de nouveau à son ancien métier. En temps de guerre, ces déclarations, du reste, ne sont pas admises.

Individus soumis au régime de l'Inscription.

Sont considérés comme professant l'état de marin, et comme sujets par suite à l'inscription :

1° Les marins de tout grade et de toute profession naviguant dans l'armée navale et sur les bâtiments de commerce.

2° Ceux qui font la pêche de mer sur les côtes et dans les rivières, jusqu'aux limites de la marée, et pour celles où il n'y a pas de marée, jusqu'à l'endroit où les bâtiments de mer peuvent remonter.

3° Ceux qui naviguent sur les pataches, allèges, bateaux, chaloupes, dans les rades et rivières, jusqu'aux limites ci-dessus indiquées.

L'ordonnance de 1784 soumettait sans distinction, au régime de l'inscription, tous les mariniers des lacs, étangs et rivières de l'intérieur; mais la loi de brumaire n'ayant désigné que la partie des fleuves où remonte la marée, comme assujettie à l'inscription, les pêcheurs, bateliers, canotiers, etc., naviguant sur les lacs, canaux et rivières de l'intérieur, furent définitivement exemptés du service des vaisseaux, et rayés des matricules de l'inscription, par ordonnance du 5 août 1826.

Aux trois catégories de marins qui viennent d'être énumérées, il faut encore ajouter les ouvriers de certaines professions maritimes; mais ceux-ci ne sont pas inscrits au même titre que les matelots, et ne peuvent être levés que pour le seul service des arsenaux. Néanmoins, quand ils ont été embarqués, et qu'ils ont rempli les conditions pour être classés, ils rentrent dans la catégorie ordinaire, s'ils déclarent vouloir continuer à naviguer:

L'ordonnance de 1784 considérait comme ouvriers maritimes soumis aux levées au même titre que les matelots, les charpentiers, voiliers, calfats, perceurs, tonneliers, cordiers, poulieurs et scieurs de long ; mais la loi du 3 brumaire les exempta d'abord du service des vaisseaux, et plus tard, le décret du 15 décembre 1806 n'assujéttit à l'inscription que les ouvriers des quatre premières professions; toutefois, les autres peuvent être requis pour le service des arsenaux dans les cas d'urgence.

Administration des quartiers de l'Inscription.

Afin de faciliter l'inscription des gens de mer, le territoire maritime de la France a été divisé en arrondissements et sous-arrondissements, qui se subdivisent eux-mêmes en quartiers et sous-quartiers. Chaque arrondissement est commandé par un préfet maritime, chaque sous-arrondissement par un officier supérieur de l'administration ; et enfin, à la tête de chaque quartier et sous-quartier, est placé un commissaire, sous-commissaire ou aide-commissaire de marine, qui prend le titre de commissaire de l'inscription maritime.

La totalité des gens de mer sur lesquels l'Etat étend ses droits, est répartie entre les divers quartiers du littoral. Les marins désignent eux-mêmes le quartier auquel ils veulent être attachés, et qui est ordinairement celui de leur domicile. Une fois portés sur les matricules de ce quartier, ils ne peuvent plus en changer ni s'en absenter, sans l'autorisation du commissaire. Quant à ceux qui, ayant rempli les conditions pour être classés, négligent néanmoins de se présenter, ils sont inscrits d'office au quartier dans la circonscription duquel est établi leur domicile.

Les commissaires de l'Inscription ont des préposés nommés syndics, chargés de faire exécuter leurs ordres relativement aux levées, de surveiller les gens de mer dans l'étendue de leur syndicat, de faire la police de la navigation, et de fournir au commissaire tous les renseignements dont il peut avoir besoin pour la tenue des registres de l'Inscription.

Ces registres ou matricules doivent non-seulement indiquer les noms, prénoms, âge, domicile des gens de mer ayant satisfait aux conditions pour être classés, mais encore relater la date de leurs embarquements et débarquements, et fournir tous les renseignements relatifs au grade, à la paie, et aux années de service des marins.

Les ouvriers sont inscrits sur des registres particuliers, et il est tenu en outre, dans chaque quartier, un registre spécial pour les jeunes gens qui commencent à naviguer ou qui embrassent une des quatre professions maritimes dont il a été question plus haut ; toutefois, leur inscription n'est que provisoire : elle ne devient définitive qu'après l'accomplissement des conditions exigées par la loi de l'an IV.

Devoirs des Commissaires de l'Inscription maritime relativement aux levées.

Lorsque les besoins de la flotte nécessitent une levée de marins, l'autorité maritime expédie l'ordre de la faire exécuter aux commissaires des quartiers compris dans la circonscription de l'arrondissement. Cet ordre indique l'époque de la levée et le nombre d'hommes dont elle doit se composer. Les commissaires en font alors la répartition entre les divers syndicats et communes de leur quartier, et les syndics dressent les listes nominatives des hommes en état de marcher. Nous avons vu plus haut qu'on ne tenait plus compte aujourd'hui, pour la formation de ces listes, de la classification établie par la loi de l'an IV. Les hommes de vingt à quarante ans n'ayant pas de service à l'État, sont appelés les premiers, quelle que soit leur position de famille, et si leur nombre ne suffit pas, on complète les listes en prenant parmi les hommes ayant déjà servi, mais entre les limites d'âge fixées ci-dessus, ceux qui comptent un moindre nombre d'années à bord des navires de guerre.

Les listes, une fois arrêtées, sont immédiatement publiées et affichées dans un lieu apparent de la maison du syndic, et copie en est envoyée au commissaire de l'Inscription, qui expédie les ordres de départ; ils doivent être remis à chacun des appelés en personne ou à leur domicile, et indiquer le jour du départ et celui où le marin doit être rendu à sa destination. Pareille notification doit être faite, par les soins du commissaire, à l'administration du port vers lequel les marins sont dirigés, afin que celle-ci puisse faire opérer toutes recherches et toutes poursuites nécessaires à l'égard des retardataires.

Grades auxquels ont droit les inscrits levés pour le service.

Les marins levés pour le service ont droit à une conduite, du lieu de leur domicile à celui de leur destination; mais ils ne jouissent de leur solde qu'à partir du jour de leur entrée à la division. Cette solde est déterminée, pour ceux ayant déjà servi sur les bâtiments de guerre, par le grade qu'ils occupaient à bord de ces bâtiments, lors de leur libération du service; quant à ceux qui sont levés pour la première fois, ils sont payés comme matelots de troisième classe, quelles que soient, d'ailleurs, les fonctions qu'ils aient pu exercer à bord des bâtiments du commerce, l'État ne reconnaissant pas, dans la marine marchande, d'autres grades que ceux de capitaine au long-cours et de maître au cabotage.

Ces derniers sont levés comme les autres marins ; seulement, ils entrent au service comme quartiers-maîtres de première classe, s'ils comptent un an au moins de commandement, et comme quartiers-maîtres de deuxième classe, s'ils n'ont pas encore commandé au cabotage.

Les capitaines au long-cours ne peuvent être levés que comme enseignes de vaisseau auxiliaires.

Nous venons d'exposer brièvement les règles qui président à l'Inscription et à la levée des gens de mer ; mais cette classe d'hommes ne constitue pas à elle seule le personnel de nos flottes, puisque les ressources de la conscription et de l'enrôlement volontaire doivent se combiner avec celles de l'Inscription maritime pour former les équipages de nos bâtiments. D'un autre côté, les inscrits appelés au service ne peuvent pas toujours, au fur et à mesure de leur arrivée dans les ports de destination, être immédiatement embarqués sur les navires de l'État ; il faut, par suite, des dépôts où l'on puisse les organiser, les habiller, les instruire et les fondre avec les recrues d'origine différente. C'est donc ici le lieu d'étudier l'organisation de ces dépôts dans lesquels viennent s'incorporer, sous le nom d'équipages de ligne, les recrues, enrôlés volontaires et marins de l'Inscription, avant leur embarquement sur les navires de l'État.

Origine des Divisions des équipages de ligne. — Leur composition.

La pensée d'organiser militairement les équipages destinés à l'armement des vaisseaux, et d'admettre dans leurs rangs des hommes pris en dehors des cadres de l'Inscription maritime, fut le fruit de cet esprit militaire qui présidait à tous les actes du gouvernement impérial et la conséquence de l'appauvrissement de notre population maritime par suite de nos désastres sur mer. Le premier pas qu'on fit dans cette voie date de la création, en 1808, des bataillons de marine, qui firent place, plus tard, aux équipages de haut-bord.

Les cadres de ces nouveaux corps, organisés comme de véritables régiments, étaient calculés de manière à ce qu'un équipage de haut-bord suffît à l'armement d'un vaisseau ou de deux frégates; au besoin, on le complétait, d'ailleurs, avec des marins de l'Inscription.

Chaque équipage embarquait avec armes et bagages, officiers et commandant en tête; de cette manière, le bâtiment se trouvait en même temps pourvu de tout son personnel, y compris son capitaine et son état-major. Cette organisation, toutefois, n'eut pas une longue durée, et le licenciement des équipages de haut-bord suivit de près le retour des Bourbons.

Cependant, les mêmes nécessités qui avaient amené le gouvernement impérial à recourir aux populations de l'intérieur pour compléter le personnel de ses vaisseaux, s'étant reproduites, lorsque la Restauration songea à reconstituer sa marine, il fallut se résoudre à rentrer dans la voie dont on avait cru un moment pouvoir s'écarter. Mais comme les essais tentés jusqu'à ce jour n'avaient conduit encore à aucun résultat décisif, et que, d'un autre côté, on ne voulait pas les renouveler sur une trop grande échelle, on se contenta, pour commencer, de faire appel aux engagements volontaires. En conséquence, une ordonnance du 13 novembre 1822 prescrivit de former avec les hommes qui répondraient à cet appel, deux corps, qui, sous la dénomination d'Équipages de ligne, seraient destinés à composer le personnel des vaisseaux en armement.

Ce nouvel essai ayant paru favorable à l'adoption définitive d'un plan d'organisation plus vaste, et l'enrôlement volontaire ne suffisant plus pour faire face à l'étendue des besoins, le mode de recrutement établi pour les corps de l'armée de terre fut, par la loi du 9 juin 1824, rendu applicable à la marine.

Grâce à cette loi, le système des équipages de ligne ne tarda pas à prendre de nouveaux développements, et bientôt il ne fut plus question que d'embrasser dans la même organisation tout le personnel militaire du département de la marine; c'est ce qui fit effectivement l'objet de l'ordonnance du 2 octobre 1825.

Dès lors, ce ne furent plus seulement les enrôlés volontaires et les hommes de la conscription qui durent entrer dans la composition des équipages de ligne, mais encore les marins de l'Inscription, c'est-à-dire, en un mot, tout le personnel destiné à servir sur les bâtiments de l'État.

Un dépôt général, placé sous le commandement d'un capitaine de vaisseau, fut établi dans chaque port, et c'est vers ce dépôt que durent être dirigés les hommes de levée, les recrues et les enrôlés volontaires.

L'effectif de chaque équipage était fixé à 430 hommes; il était commandé par un capitaine de frégate, et se composait d'un état-major et de quatre compagnies. Destiné à fournir à l'armement d'un vaisseau de ligne, il pouvait néanmoins se fractionner lorsque le rang du bâtiment ne nécessitait pas l'embarquement d'un équipage entier.

L'ordonnance du 28 mai 1829 prescrivit de nouvelles dispositions relativement à l'organisation et à l'administration du corps des équipages de ligne. Elle le répartit en cinq divisions (une par arrondissement maritime) composées, chacune, d'un état-major, d'un petit état-major, d'un nombre déterminé de compagnies permanentes et provisoires, et les plaça, dans chaque arrondissement, sous le commandement supérieur du major général de la marine, avec un capitaine de vaisseau sous ses ordres.

La même ordonnance disposa, en outre, que la réunion d'un certain nombre de compagnies, qui ne pouvait être moindre de trois, ni dépasser six, formerait un équipage *temporaire* commandé par un capitaine de vaisseau, lequel serait, autant que possible, appelé au commandement du bâtiment sur lequel serait embarqué l'équipage de ligne sous ses ordres; et qu'enfin, le petit état-major affecté à chaque équipage passerait avec lui sur le vaisseau pour lequel celui-ci serait désigné, et en composerait la maistrance.

Cette organisation des compagnies en équipages temporaires fut abandonnée, en 1832, comme occasionnant des dépenses d'état-major entièrement inutiles; en outre, comme l'important était surtout de donner au corps des équipages de ligne une constitution qui le rendît propre à se prêter à tous les morcellements qu'exige l'emploi spécial auquel il est destiné, le système adopté en 1829 ne tarda pas à être modifié encore.

Par l'ordonnance du 1er mars 1832, l'unité de chacune des compagnies, comme corps, fut expressément admise en principe, et leur administration, ainsi que leur comptabilité, durent être distinctes dans le port et à la mer; c'est-à-dire, que les compagnies embarquées s'administrèrent séparément, et ne dépendirent plus, pour la solde et l'habillement, de leurs divisions respectives, que pendant leur séjour à terre.

L'ensemble des dispositions nouvelles contenues dans l'ordonnance de 1832, fut complété par celle du 11 octobre 1836, qui réglementa définitivement et dans les plus grands détails tout ce qui est relatif au mode d'administration et de comptabilité des équipages de ligne.

Les divisions des équipages de ligne sont classées en divisions de première et de deuxième classe, et sont désignées par les noms des ports où elles sont établies.

Elles se composent:

1° D'un état-major;

2° D'un petit état-major divisé en partie sédentaire, et partie mobile destinée à servir sur les bâtiments de l'État ; (1)

3° De compagnies permanentes dont le nombre est déterminé suivant les besoins du service ;

4° De compagnies de dépôt ;

5° De compagnies provisoires du recrutement ;

6° D'une compagnie de mécaniciens et d'ouvriers chauffeurs dans chacun des ports de Toulon et de Lorient ;

7° D'une compagnie de mousses dans chacun des ports de Brest et de Cherbourg (celle de Toulon ayant été supprimée par décret du 23 mai 1850).

Compagnies permanentes, Compagnies de dépôt, et Compagnies provisoires du recrutement.

Les compagnies permanentes sont destinées à former les équipages des bâtiments de l'État ; elles embarquent à tour de rôle avec leurs officiers, et sont partagées chacune en deux sections qui sont susceptibles d'embarquer séparément, sans pouvoir toutefois se fractionner elles-mêmes ; aussi les bâtiments dont l'équipage ne comporte pas une section de compagnie, sont-ils armés en totalité avec des marins de la compagnie de dépôt.

Les compagnies permanentes sont composées, dans des proportions déterminées, de marins de l'Inscription et d'hommes du recrutement ou d'engagés volontaires ; les premiers leur sont versés par les compagnies de dépôt, et les autres par les compagnies provisoires, après leur dissolution.

Dans chaque division de première classe il y a deux compagnies de dépôt, l'une de l'Inscription, l'autre du recrutement.

Dans la première sont admis les marins arrivant des quar-

(1) La partie mobile des petits états-majors ne comprend plus aujourd'hui que les capitaines d'armes.

tiers par suite de levées, ceux appartenant à l'Inscription maritime qui, par un motif quelconque, ont manqué le départ de leurs bâtiments, et enfin les officiers-mariniers en reddition de comptes et non incorporés dans les petits états-majors des divisions.

Dans la seconde sont admis les hommes du recrutement et les enrôlés volontaires qui, ayant été laissés à terre au départ de leurs bâtiments, ne peuvent plus rejoindre les équipages auxquels ils appartiennent, et ceux de ces deux catégories qui arrivent à la division après la dissolution des compagnies provisoires.

Dans les divisions de deuxième classe, il n'y a qu'une seule compagnie de dépôt, divisée en deux sections, l'une pour les hommes de l'Inscription, l'autre pour les hommes du recrutement.

Les compagnies provisoires sont destinées à recevoir les hommes du recrutement et les enrôlés volontaires à leur première entrée au service. Elles ne doivent être conservées que pendant le temps nécessaire à l'instruction des recrues, après quoi elles sont dissoutes, et versent leur effectif aux compagnies permanentes.

Compagnies de Mécaniciens et d'Ouvriers chauffeurs.

L'origine des compagnies de mécaniciens et d'ouvriers chauffeurs remonte à l'ordonnance du 30 mai 1831, qui créa pour le service de la marine à vapeur une compagnie *d'ouvriers marins* divisée en trois sections, destinées chacune à l'armement de deux bateaux à vapeur.

En 1840, le développement de notre marine à vapeur ayant rendu nécessaire une augmentation d'effectif dans le personnel employé à la conduite des machines, une nouvelle ordonnance (24 mai 1840) créa, sous la dénomination d'*ouvriers mécaniciens et chauffeurs*, un corps militaire composé, suivant les besoins du service, d'une ou de plusieurs compagnies dont les cadres étaient chaque année déterminés par le Ministre.

Enfin, en 1845, cette ordonnance fit place elle-même à celle du 28 novembre, qui organisa définitivement le corps d'ouvriers mécaniciens et chauffeurs en compagnies, et régla dans les plus grands détails tout ce qui est relatif à leur composition, à leur service à terre et à la mer, à leur recrutement, etc.

Ces compagnies, dont le nombre fut, par la suite, fixé à deux par le Ministre, devaient s'administrer séparément, et former un corps à part, ayant une comptabilité distincte et sans relation aucune avec celle des divisions des équipages de ligne. Les capitaines de ces compagnies étaient, aux termes de l'ordonnance, seuls responsables de leur gestion, et ne rendaient compte qu'au commissaire aux armements.

Aujourd'hui il en est autrement. Les compagnies de mécaniciens et d'ouvriers chauffeurs, dans les divisions où il en est établi, font partie intégrante de leur effectif, et à ce titre, ne sont pas placées, sous le rapport de l'administration et de la comptabilité, dans d'autres conditions que les compagnies permanentes.

Les mécaniciens et les ouvriers chauffeurs se recrutent au moyen d'engagements volontaires, dont la durée est celle déterminée par la loi sur le recrutement.

Nul n'est admis à contracter un engagement pour les grades de contre-maître ou de maître mécanicien, s'il n'a préalablement satisfait à un examen de capacité déterminé par les règlements. Les candidats au grade de maître doivent en outre produire un certificat constatant qu'ils ont servi pendant deux ans, au moins, comme mécaniciens chargés en chef de la conduite des machines, à bord de bâtiments à vapeur autres que ceux de la marine de l'État.

Enfin, nul n'est admis à contracter un engagement comme ouvrier chauffeur, s'il n'a justifié de sa capacité comme ouvrier forgeron, chaudronnier ou ajusteur.

Les mécaniciens et les ouvriers chauffeurs peuvent, à l'expiration de leur engagement, contracter, avec l'approbation du Ministre de la marine, un rengagement de deux à cinq ans, en conservant le grade et le rang qu'ils avaient acquis au service ; ils peuvent aussi, en cas d'inconduite ou d'incapacité constatée à bord par un conseil composé conformément aux articles 56, 57 et 58 de l'ordonnance du 28 novembre 1845, être débarqués ou mis sur le pont, en attendant qu'on puisse les renvoyer à leur compagnie, où ils sont mis au dernier rang sur la liste d'embarquement. Dans cette position, ils sont inhabiles à concourir pour le grade supérieur, jusqu'à ce qu'ils aient terminé une nouvelle année de service à la mer, et reçu de leur capitaine un certificat de bonne conduite et de capacité. Ajoutons, enfin, que les dispositions de l'art. 289 de l'ordonnance du 2 novembre 1833 leur sont applicables, et que les ouvriers chauffeurs sont susceptibles d'être incorporés dans les équipages de ligne et même envoyés à la compagnie de discipline, suivant la gravité des faits.

Quand l'armement d'un bâtiment à vapeur a lieu, il en est donné avis au commandant de la division, qui désigne, à tour de rôle, les mécaniciens et les ouvriers chauffeurs à embarquer. Les billets de destination doivent toutefois être préalablement visés par le commissaire aux armements, chargé de suivre, depuis l'armement jusqu'au désarmement des bâtiments à vapeur, les mutations et mouvements du personnel dont se compose la compagnie de mécaniciens et d'ouvriers chauffeurs placée sous sa surveillance administrative.

Compagnies de mousses.

Les compagnies de mousses sont, dans l'intérêt de la population maritime, composées d'enfants choisis de préférence parmi ceux des officiers-mariniers, matelots et autres salariés de la marine. Ces enfants, pour être admis, doivent être âgés de treize ans au moins, et de seize ans au plus; en outre, en donnant leur consentement à leur admission dans la compagnie des mousses, les parents doivent s'engager à ne pas les retirer avant l'âge de dix-huit ans, sous peine de rembourser les avances faites pour leur instruction et leur entretien.

Les mousses à embarquer sur les bâtiments de l'État sont fournis par les compagnies de mousses des écoles, dans les ports où il en est établi, et se recrutent directement, dans les autres, parmi les enfants des marins de l'Inscription maritime, ou des ouvriers des arsenaux; ces derniers sont immédiatement admis, en quittant leurs foyers, à servir sur les navires destinés à faire campagne, et prennent le nom de mousses auxiliaires.

Les premiers sont tenus, à leur sortie de l'école, de servir activement sur les bâtiments de la flotte jusqu'à dix-huit ans, ou de rembourser à l'État les frais de toute nature auxquels leur instruction et leur entretien ont donné lieu pendant leur séjour à l'école. A seize ans, ils sont admis à contracter un engagement dans les équipages de ligne; s'ils refusent de s'engager, ils sont maintenus au service en qualité de mousses jusqu'à l'âge de dix-huit ans, comme nous l'avons dit, et si alors ils sont retenus sur les bâtiments de l'État par des motifs indépendants de leur volonté, ils jouissent de la paie de matelot de troisième classe, sans en avoir le grade, jusqu'à ce qu'il soit possible de les congédier. Dans le cas, au contraire, où ils contractent un engagement dans l'armée navale, ils deviennent apprentis-marins à seize ans, et matelots à dix-huit, s'ils ont un an d'embarquement.

Les seconds deviennent novices à seize ans, et dès lors ils doivent servir activement sur les navires de l'État pendant deux ans. A dix-huit ans, ils sont mis en demeure d'opter pour ou contre leur inscription définitive sur les matricules des classes. S'ils se prononcent pour l'affirmative, ils deviennent matelots de troisième classe, s'ils ont d'ailleurs dix-huit mois de navigation, ou s'ils satisfont aux autres conditions exigées par l'article 5 de la loi du 3 brumaire an IV pour l'obtention de ce grade ; s'ils optent, au contraire, contre leur immatriculation, ils sont congédiés, ou payés comme novices jusqu'à ce qu'il soit possible de les renvoyer dans leurs foyers.

Recrutement des Équipages de ligne.

Le recrutement des équipages de ligne s'opère par l'Inscription maritime, par les admissions faites en vertu de la loi du 9 juin 1824, et par les enrôlements volontaires.

Les enrôlés volontaires ne peuvent être admis à contracter d'engagement dans les compagnies des équipages de ligne, passé vingt-et-un ans et demi, à moins qu'ils n'appartiennent aux troupes de la marine, auquel cas ils sont aptes à contracter un engagement jusqu'à l'âge de vingt-cinq ans, et même de trente-cinq ans, s'ils ont acquis une *solde à la mer*. Toutefois, en temps ordinaire, ces engagements ne sont guère admis que de la part des militaires susceptibles d'être embarqués comme sergents , caporaux d'armes, etc.

La durée des engagements volontaires est déterminée par le décret du 31 mars 1848 ; cependant, les militaires des troupes de la marine qui s'enrôlent dans les équipages de ligne, ne sont tenus d'y servir que jusqu'à l'expiration de leur engagement primitif, pourvu qu'il leur reste encore au moins deux ans de service à faire au moment de leur enrôlement.

Autrefois, les commissaires de l'Inscription étaient autorisés à recevoir les engagements des inscrits ; mais il n'en est plus ainsi depuis le décret du 3 décembre 1850, qui a enlevé à ces derniers la faculté de s'engager et de se rengager. Déjà, depuis la loi du 21 mars 1832, ils n'étaient plus admis à servir comme remplaçants.

Les hommes provenant de la conscription sont soumis, pour le tirage au sort, pour le classement, etc., aux règles communes aux conscrits destinés à former le contingent de l'armée de terre. Jusqu'au moment où ils arrivent dans les ports, la marine n'a pas à s'en occuper; les autorités municipales et les conseils de révision sont seuls chargés de toutes les opérations relatives au recrutement et à la formation du contingent de la marine.

Ce contingent doit être formé avant celui de l'armée de terre, et composé seulement des jeunes gens susceptibles d'être immédiatement appelés au service; ainsi, tous ceux qui ne sont inscrits que conditionnellement sur les listes, et les jeunes soldats *dispensés ou déduits*, conformément aux dispositions de l'article 14 de la loi du recrutement, ne peuvent entrer, à aucun titre, dans la formation du contingent de l'armée de mer.

Les cantons littoraux sont, autant que possible, appelés à fournir les conscrits à classer dans le contingent de la marine; en outre, l'instruction du 30 mars 1832 recommande d'y faire entrer de préférence les jeunes soldats qui, sans être inscrits maritimes ou liés au service dans l'armée de mer, seraient déjà employés sur les vaisseaux de l'État ou dans la marine marchande.

Le minimum de la taille, pour les équipages de ligne, est fixé à $1^m,625$; toutefois, un dixième des hommes appelés à servir dans ce corps doivent avoir $1^m,706$, pour être employés au canonnage.

Embarquement des Compagnies.

Les compagnies ou sections de compagnie, destinées à former l'équipage d'un bâtiment en armement, sont désignées à tour de rôle, d'après la date de leur débarquement, et le Préfet maritime fait compléter l'équipage du bâtiment conformément au tableau annexé à l'ordonnance de 1836.

Pour suppléer à l'insuffisance des ouvriers de profession dans les compagnies ou sections de compagnie, on admet, dans les compléments d'équipage, les ouvriers charpentiers, calfats et voiliers qui se présentent de bonne volonté, et à défaut d'ouvriers volontaires, les directeurs sont autorisés à y suppléer en désignant d'office des ouvriers attachés à leurs ateliers. Si les ouvriers ainsi désignés refusaient de partir, ils devraient être immédiatement renvoyés de l'arsenal.

Les ouvriers de première classe peuvent être embarqués comme aides de deuxième classe assimilés aux quartiers-maîtres, ou comme matelots de première classe; les autres sont enrôlés comme matelots de la classe analogue à celle à laquelle ils appartiennent comme ouvriers. Dans tous les cas, qu'il s'agisse de marins, d'ouvriers ou de surnuméraires, aucun embarquement ne peut avoir lieu à bord d'un bâtiment de l'État, sans que le billet de destination ait été préalablement visé au bureau des armements.

Etats-majors et Conseils d'administration des divisions.

Nous avons dit que le corps des équipages de ligne était réparti en cinq divisions, comprenant chacune un certain nombre de compagnies de dépôt. Un capitaine de vaisseau commandant, un capitaine de frégate second, un officier du même grade major (dans les divisions de première classe seulement), un officier d'administration faisant fonction de quartier-maître trésorier, un lieutenant de vaisseau adjudant-major, et un lieutenant de vaisseau chargé du casernement, de l'armement et de l'habillement, composent l'état-major de chaque division. Il y a en outre par compagnie un capitaine et un lieutenant.

Les capitaines des compagnies sont chargés de leur administration intérieure, sous la surveillance d'un conseil d'administration, composé comme il suit :

Le commandant de la division.

Le commandant en second.

Le major ou un officier de vaisseau rapporteur.

Un ou deux lieutenants de vaisseau désignés à cet effet par le Ministre.

Le quartier-maître trésorier faisant fonction de secrétaire du conseil.

L'officier d'habillement.

Ce conseil est chargé de pourvoir à l'habillement des équipages de la division, de faire acquitter la solde à terre, et de diriger toutes les opérations relatives à la comptabilité et à l'administration des compagnies non embarquées.

Régime administratif des équipages à terre.

Le régime administratif des équipages de ligne, tel qu'il résulte des dispositions de l'ordonnance de 1852, corroborées par celles de l'ordonnance de 1836, est basé, comme nous l'avons déjà fait remarquer, sur l'indépendance absolue des compagnies embarquées à l'égard de leurs divisions respectives, pour tout ce qui touche à leur administration et à leur comptabilité. Il n'en était pas ainsi autrefois : avant 1832, les compagnies, en embarquant, n'étaient point pour cela soustraites à l'action du conseil d'administration de leur division, et quelles que fussent leur destination et leur répartition sur les bâtiments de la flotte, elles ne cessaient de dépendre, sous le rapport de l'habillement, de l'armement, de la solde et des accessoires de la division où les hommes étaient immatriculés.

Il résultait de là que la comptabilité de tout le personnel incorporé dans les équipages de ligne venait, quelle que fût sa situation, à la mer comme à terre, se centraliser dans les cinq divisions.

On sent combien devait entraîner de lenteurs et de complications un système qui consistait à ramener à cinq liquidations uniques les opérations administratives concernant tout le personnel d'une flotte répartie sur tous les points du globe, et combien d'embarras une pareille centralisation devait occasionner, lors des règlements de comptes annuels des divisions.

En séparant d'une manière absolue la comptabilité à terre de la comptabilité à la mer, et en affranchissant les équipages embarqués de l'espèce de tutelle qu'exerçaient à leur égard les divisions, pour en investir exclusivement le commissaire aux armements et les conseils de bord, l'ordonnance de 1832 entra donc dans l'unique voie que comporte l'excessive mobilité du corps qu'elle est appelée à régir.

Là ne se bornèrent pas, d'ailleurs, les modifications introduites par la nouvelle ordonnance dans le régime administratif des équipages de ligne. Jusqu'alors, il avait été pourvu à l'habillement et à la nourriture des équipages à terre au moyen de masses, comme cela se pratique pour les corps de l'armée. Une retenue journalière était faite sur la solde des marins à terre pour subvenir aux besoins de l'ordinaire, et l'État se chargeait des frais d'habillement, au moyen d'une allocation fixée à 108 francs par an, et par homme. Outre cette allocation, il était accordé par homme, une somme nette de 70 francs à titre de première mise, pour les recrues, les enrôlés volontaires, les rentrés de prison et les hommes réadmis au service.

Aujourd'hui il n'en est plus ainsi; l'habillement fait partie de la solde, qui a été en conséquence rétablie sur le pied des anciens tarifs. Il n'est plus alloué de somme fixe à titre de masse ou de première mise, et les effets d'habillement sont fournis aux marins, à leur arrivée au corps, par l'État, qui se rembourse du montant de cette avance au moyen d'une retenue fixe et journalière sur leur solde. A terre comme à la mer, cette retenue est fixée à 40 centimes pour les hommes, et à 25 centimes pour les mousses; pour les absents, en congé ou à l'hôpital, elle est de la totalité de leur solde de congé ou d'hôpital, lorsque cette solde est inférieure à ladite retenue. Quant à la nourriture des marins à terre, elle est aujourd'hui exclusivement fournie par les magasins de la marine, et il n'est plus par suite opéré de retenue destinée aux fonds de l'ordinaire.

Tels sont les principes généraux sur lesquels est basée l'organisation actuelle des équipages de ligne; pour en compléter l'analyse, il ne nous reste plus qu'à entrer dans quelques détails sur l'administration intérieure de ce corps, et sur les fonctions dévolues aux officiers de vaisseau attachés aux divisions, soit comme officiers de casernement et d'habillement, soit comme capitaines de compagnies.

Casernement.

Les marins des divisions sont logés, à terre, dans les casernes des ports, ou sur des bâtiments disposés à cet effet. Les objets dits de casernement, tels que hamacs, couvertures, matelas, et les objets d'armement et d'équipement, leur sont fournis par les magasins de la marine, sur la demande du conseil d'administration de la division, qui en prend charge et en est seul responsable envers l'administration du port. Ces objets sont confiés à la garde d'un officier de la division, qui en tient inventaire et en devient à son tour responsable envers le conseil d'administration.

Les recettes et les dépenses (remises faites aux magasins) des effets de casernement sont, par les soins de cet officier, inscrites sur un registre spécial, sur le vu des duplicatas des billets de demande et de remise.

L'officier de casernement tient également un registre des objets mis à la disposition des capitaines pour les besoins des compagnies. A l'époque de leur embarquement, ces objets doivent être représentés par les capitaines et remis entre les mains de l'officier de casernement, en présence du commissaire aux armements ; l'état de ces objets est constaté par un procès-verbal, et les capitaines sont responsables envers l'officier de casernement, sauf recours sur qui de droit, de toutes les détériorations et pertes d'objets qui pourraient être considérées comme le fait de la négligence. Si cette négligence peut être imputée aux marins, il est exercé sur leur solde une retenue égale à la valeur des objets détériorés ou perdus.

Solde et habillement.

Les conseils d'administration des divisions sont chargés, comme nous l'avons dit, de pourvoir, non-seulement à l'habillement des équipages à terre, mais encore à celui des équipages embarqués, sur la demande des conseils d'administration de bord. Le magasin d'habillement de la division, dans chaque port, doit être, en conséquence, approvisionné de manière à suffire à tous les besoins des compagnies à terre et des bâtiments dépendant de ce port. Néanmoins, les divisions ne peuvent traiter directement elles-mêmes avec les fournisseurs pour l'approvisionnement de leurs magasins d'habillement. Les marchés généraux, pour fournitures d'étoffes et d'effets confectionnés, sont dressés par le commissaire aux approvisionnements, suivant les formes en usage dans la marine pour les autres fournitures.

Après la recette, à laquelle il est procédé par la commission de recette ordinaire du port, assistée du commandant de la division, de l'officier d'habillement et d'un capitaine de compagnie désigné par le Préfet maritime, le garde-magasin général du port prend charge des étoffes et effets admis, et c'est lui qui en opère ensuite la délivrance au conseil d'administration de la division, sur sa demande visée par le commissaire aux armements.

Si la demande faite par la division n'a pas pour objet la totalité de la fourniture, les étoffes et effets restants sont marqués d'un timbre particulier, et emmagasinés par les soins et sous la responsabilité du garde-magasin général.

Lorsque, par la suite, la division adresse des demandes d'effets d'habillement au magasin général, la commission nommée pour assister à la recette desdits effets, doit s'assurer qu'ils sont tous marqués du timbre dont il a été parlé plus haut, et qu'ils n'ont pas subi de détériorations depuis leur emmagasinage.

Les étoffes et effets confectionnés délivrés aux divisions, sont déposés dans leurs magasins d'habillement et, comme les effets de casernement et d'armement, confiés à la garde d'un officier chargé d'en opérer la délivrance sur les demandes dûment légalisées, et d'en tenir le compte. Le capitaine d'habillement tient, à cet effet, trois registres sur lesquels il fait inscription de ses recettes et de ses dépenses, et établit la balance entre les sorties et les entrées du magasin d'habillement de la division. L'un de ces registres est affecté aux étoffes, l'autre aux effets confectionnés, et le troisième aux effets réintégrés en magasin après avoir déjà servi.

La balance dont il vient d'être question est vérifiée, à la fin de chaque trimestre, en présence du conseil d'administration, par le commissaire aux armements, qui s'assure en même temps de la concordance entre les fournitures opérées par le magasin général, et les recettes faites par l'officier d'habillement.

Les divisions reçoivent, non-seulement des effets confectionnés, mais encore des étoffes destinées à être converties en effets d'habillement. La coupe et la confection de ces effets s'opèrent dans leurs ateliers, et les frais qu'elles occasionnent sont acquittés au moyen de mandats expédiés par le commissaire aux armements, sur la demande et le certificat du conseil d'administration.

Les effets confectionnés par les divisions sont, avant leur emmagasinage, soumis à l'examen d'une commission composée du commandant, de l'officier d'habillement, de trois autres officiers, d'un premier-maître et d'un expert. Le commissaire aux armements assiste à cet examen, et le quartier-maître trésorier tient enregistrement du procès-verbal de recette.

La délivrance des effets d'habillement nécessaires aux marins des compagnies, est opérée par les soins de l'officier d'habillement, sur un bon général signé du quartier-maître trésorier, auquel doivent être adressées toutes les demandes d'effets d'habillement. Il est expressément recommandé de n'accorder que les effets indispensables à une tenue régulière, aux hommes nouvellement arrivés à la division et incorporés dans les compagnies de dépôt et provisoires, ainsi qu'aux hommes ayant de fortes dettes, et aux vendeurs d'effets.

Les demandes relatives à l'habillement des compagnies sont faites, par les soins de leurs capitaines, sur des états nominatifs visés préalablement par le commandant de la division. Chaque fois qu'une distribution d'effets a lieu, les capitaines font annotation sur les livres de compagnie, au compte ouvert à chaque homme, des effets qui leur ont été fournis ; il en est de même pour toutes les sommes payées par eux, à quelque titre que ce soit, aux marins sous leurs ordres.

La solde à terre est acquittée de mois en mois, à terme échu, d'après des états d'effectif dressés par le quartier-maître trésorier, constatant, par grade et classe, le nombre d'hommes employés à la division. Les fonds destinés à l'acquittement de la solde sont touchés sur des mandats délivrés au nom du conseil d'administration de la division, et sont ensuite répartis entre les capitaines, d'après les états d'effectif des hommes présents à leurs compagnies.

Matricules, Contrôles, Livres de compagnie et Livrets.

Les matricules des divisions servent à l'inscription des noms des marins et officiers-mariniers de tout grade, provenant du recrutement et de l'enrôlement volontaire. Les marins de l'Inscription y étaient également portés autrefois ; mais on a reconnu l'inutilité d'immatriculer des hommes déjà inscrits sur les registres des classes, et cette mesure a été abandonnée avec d'autant plus de raison, que tous les renseignements propres à établir l'état des services des inscrits maritimes, déjà consignés sur ces registres, sont transmis par les commissaires de l'Inscription à l'administration des ports vers lesquels sont dirigés les marins.

Les hommes sont portés sur les matricules sans distinction de compagnie, et d'après la date de leur admission ou de leur incorporation. L'indication des compagnies dont ils font partie est relatée dans la colonne des mouvements.

Nulle radiation ne peut être faite sur les matricules ; les pertes y sont indiquées par les mutations, et les hommes y conservent toujours le même numéro, même dans le cas où ils rentreraient au service après avoir été rayés des rôles; il y aurait lieu seulement à indiquer, dans ce cas, les motifs de la réadmission. (*Ordonnance du* 11 *octobre* **1836**.)

La tenue des matricules est confiée au commandant en second, et celle du contrôle général au quartier-maître trésorier. Ce contrôle, qui doit être renouvelé tous les ans, est destiné à l'inscription, par compagnie et par grade, de tous les hommes composant l'effectif de la division. Les services des marins y doivent être sommairement relatés, et les mutations et mouvements inscrits avec soin. A cet effet, l'ordonnance de **1836** prescrit aux capitaines de compagnies de remettre, chaque jour, au commandant en second, qui le transmet ensuite au quartier-maître trésorier, pour qu'il en fasse inscription sur son contrôle général, un état des mutations et mouvements survenus parmi les officiers-mariniers et marins de leurs compagnies; toutefois, cette disposition de l'ordonnance paraît être entièrement négligée.

Les livres de compagnie doivent présenter tous les renseignements relatifs à la filiation, au service des marins et aux fournitures qui leur sont faites, tant en espèces qu'en effets d'habillement. Ces renseignements sont extraits des matricules et du contrôle général, et inscrits sur les livres de compagnie, lors de leur ouverture, par les soins du commandant en second et du quartier-maître trésorier. Chaque homme doit, en outre, être pourvu d'un livret où sont consignés tous les renseignements dont il vient d'être question, et qui lui sont personnels. Ces livrets sont la propriété des hommes et ont principalement pour but de les tenir toujours au courant de leur situation individuelle, sous le double rapport de la solde et de l'habillement : aussi doivent-ils être mis à leur disposition toutes les fois qu'ils demandent à les consulter.

Les capitaines de compagnies ne sauraient apporter trop de

soins à la tenue des livrets individuels, leur négligence à cet égard pouvant être au moins aussi nuisible à leur propre considération, aux yeux de l'équipage, qu'aux intérêts des hommes. Afin d'éviter toute réclamation ultérieure, ils devront donc s'appliquer, toutes les fois qu'ils procéderont, soit à une distribution d'effets d'habillement, soit à un paiement quelconque, à en faire immédiatement annotation sur le livret de chaque homme, et autant que possible en sa présence.

Retenues à exercer sur la solde des marins, pour fournitures d'effets d'habillement.

Nous avons dit que le remboursement des fournitures d'effets d'habillement s'opérait au moyen d'une retenue fixée à 40 cent. par jour. Dans certains cas, cependant, cette retenue peut s'élever aux deux tiers et même à la totalité de la solde. Lorsque, par exemple, les effets délivrés aux marins sont usés prématurément, c'est-à-dire, avant l'époque que les réglements ont assignée à leur durée, et lorsque cette usure prématurée provient du fait des marins, le remplacement de ces effets donne lieu à une retenue des deux tiers de la solde; quant aux marins qui manquent par leur faute le départ de leurs bâtiments, ils sont tenus, lorsqu'ils viennent se représenter à la division, de rembourser le prix des effets qui leur sont fournis de nouveau, au moyen de la retenue intégrale de leur solde. Enfin, dans le cas d'effets vendus, les marins sont poursuivis et condamnés conformément à la loi du 15 juillet 1829.

Compte de solde et d'habillement arrêté, à terre, tous les trimestres et à l'époque de l'embarquement ou du congédiement des hommes.

Le compte d'habillement et de solde est arrêté, à terre, par le commissaire aux armements, tous les trimestres et à l'époque de l'embarquement des compagnies ou du congédiement des hommes. Ce compte s'établit au moyen de feuilles de journées et d'habillement. Les premières sont destinées à relater tous les mouvements survenus parmi les marins de la division pendant le trimestre expiré, ainsi que le détail des journées donnant droit aux allocations de toute espèce. Les secondes font connaître, au contraire, la valeur des effets d'habillement délivrés aux hommes, les retenues à exercer en conséquence sur leur solde, et le montant de leurs décomptes ou des sommes dont ils sont redevables. Après vérification de ces feuilles par le commissaire aux armements, la liquidation générale de comptabilité du trimestre est établie.

Avis à donner aux commissaires de l'Inscription maritime, des dettes contractées envers l'État par les marins de leurs quartiers.

Lorsque les marins passent de la division à bord des bâtiments de la flotte, il est fait apostille, sur le rôle d'équipage, des dettes qu'ils peuvent avoir contractées envers l'État, et ils subissent ensuite, pendant la campagne, les retenues sur leur solde, conformément aux règles que nous avons posées ci-dessus. S'ils embarquent, au contraire, sur des navires du commerce, il en est immédiatement donné avis au commissaire de leur quartier, qui prend ses mesures pour faire retenir, sur leurs salaires, les sommes nécessaires au remboursement de leurs dettes.

Cas où les marins sont dégrevés de tout ou de partie de leurs dettes.

Bien que les marins soient tenus de s'équiper à leurs frais, il est cependant des cas où l'État leur fait abandon, en tout ou en partie, des sommes dont ils sont redevables. Ainsi, un marin congédié avant d'avoir accompli deux années de service, est dégrévé de la moitié de sa dette, lorsque les retenues exercées sur sa solde n'ont pas suffi pour acquitter le montant des fournitures d'effets à lui faites pendant ce temps. Toutefois, cette disposition ne serait pas applicable au marin dont les dettes proviendraient de négligence ou d'usure prématurée de ses effets.

Les marins congédiés peuvent faire remise à leur division, pour acquitter le montant de leurs dettes, de ceux de leurs effets les plus récemment délivrés qui pourraient encore être considérés comme neufs. Ces effets sont reçus en déduction des sommes dont ils sont redevables, pour leur valeur estimée d'après le temps qu'il leur reste à faire.

Une disposition plus favorable encore est relative aux marins congédiés par suite de blessures ou d'infirmités contractées au service. L'État leur fait abandon de tous leurs effets, quelque soit le montant de leur dette; il se contente seulement de prélever sur leur solde la retenue réglementaire, et les tient quittes ensuite de ce qu'ils pourraient devoir encore, cette retenue opérée.

Nous ne nous sommes occupé, jusqu'à présent, que du régime des équipages de ligne à terre; il resterait donc, pour compléter ce que nous avons à dire de ce corps, à examiner le mode d'administration qui le régit à la mer; cependant, pour ne pas scinder la question relative à l'administration des bâtiments armés, nous avons préféré réunir dans un même chapitre tout ce qui se rapporte à leur personnel et à leur matériel. Nous avons cru, d'ailleurs, qu'à l'occasion des équipages casernés dans les divisions, il n'était pas sans utilité de dire quelques mots des troupes d'infanterie et d'artillerie entretenues par le département de la marine, de la compagnie de discipline établie à Lorient, et des principaux corps organisés affectés au service des arsenaux ; c'est donc par une esquisse rapide de l'organisation de ces corps, sous le rapport administratif particulièrement, que nous terminerons ce chapitre.

La marine a, de tout temps, employé à son service, soit pour la garde de ses établissements maritimes et de ses colonies, soit comme garnisons à bord des bâtiments de l'État, des corps de troupes d'infanterie et d'artillerie. Après avoir été tour-à-tour supprimées et réorganisées comme corps spéciaux, après avoir dépendu, tantôt du Ministère de la guerre, comme détachées de l'armée de terre, tantôt du Ministère de la marine, à cause de la spécialité de leur service, ces troupes sont aujourd'hui définitivement entretenues par ce dernier département, et sont seules destinées à pourvoir au service ordinaire des colonies : celles d'artillerie depuis le 1er janvier 1830, et celles d'infanterie depuis le 14 mai 1831.

L'administration de ces corps de troupes diffère de celle des équipages de ligne sur plusieurs points essentiels. Ici l'habillement ne fait plus partie de la solde ; les militaires, à leur arrivée au corps, sont bien par le fait habillés et équipés aux frais de l'État, mais les fournitures qui leur sont faites ne sont pas considérées comme une avance remboursable sur leur solde. Chaque nouveau soldat reçoit, lors de son incorporation, une certaine somme déterminée par les tarifs, et destinée à le pourvoir de tous les effets de petit équipement nécessaires, tels que linge, chaussure, etc. Cette allocation forme le premier fonds de la masse individuelle, laquelle est alimentée au moyen d'une prime journalière d'entretien, destinée, comme son nom l'indique, à subvenir à l'entretien courant des hommes.

Les troupes de la marine sont nourries au moyen de prestations en nature faites par les magasins de la marine, et d'une retenue opérée sur le prêt, destinée aux fonds de l'ordinaire. Ce prêt, en France et dans les colonies, est payable par le trésorier entre les mains des capitaines, les 1er, 6, 11, 16, 21 et 26 de chaque mois, pour le nombre de jours formant l'intervalle de chacune de ces dates à la date suivante exclusivement.

Les troupes de la marine sont, comme celles de l'armée de terre, administrées par des conseils d'administration, à cette différence près, qu'au lieu d'un conseil par régiment, il y en a un pour chaque détachement envoyé aux colonies ou employé comme garnison à bord des bâtiments. Ainsi, de même que les équipages embarqués s'administrent indépendamment de leur division, les corps de troupes formés en détachement s'administrent séparément, et en dehors de l'action du conseil d'administration central; toutefois, ce dernier a la centralisation des opérations administratives du corps entier.

Les conseils d'administration centraux passent les marchés et abonnements pour toutes les fournitures, confections et réparations dont la dépense est à la charge des masses. Depuis l'ordonnance du 22 juin 1847, qui a supprimé les masses générales et les masses de casernement, les conseils d'administration n'ont plus à traiter pour la fourniture des objets relatifs à l'habillement et au grand équipement dont la dépense était acquittée sur les fonds de ces masses, et qui sont aujourd'hui fournis par les soins de l'administration de la marine.

Les conseils secondaires ou éventuels passent tous les marchés et abonnements qui ne se rapportent ni aux confections d'effets d'habillement, ni aux achats d'effets de petit équipement.

Le paiement de la solde des troupes, la réception des effets et des armes, la vérification des registres de comptabilité du trésorier, du major et de l'officier d'habillement, sont dans les attributions des conseils d'administration.

Les compagnies d'ouvriers d'artillerie sont administrées chacune séparément par leur capitaine, et les détachements d'artillerie envoyés aux colonies, sont également administrés par l'officier qui les commande.

Compagnie de discipline.

La compagnie de discipline, créée par l'ordonnance du 21 avril 1824, est destinée à recevoir les soldats des troupes d'artillerie et d'infanterie de la marine, ainsi que les marins (*Ord. du 11 octobre 1836*) des équipages de ligne *à terre ou embarqués*, qui, par leur esprit d'indiscipline habituel, portent le trouble et le mauvais exemple dans les corps dont ils font partie, et dont les fautes réitérées, sans les rendre toutefois justiciables des conseils de guerre, ne peuvent néanmoins être efficacement réprimées par des peines de simple police.

L'incorporation des soldats ou des marins dans la compagnie de discipline ne peut avoir lieu qu'en vertu d'une décision rendue par le Ministre de la marine, sur l'avis motivé *d'un conseil de discipline;* cet avis lui est transmis par l'intermédiaire du Préfet maritime, qui l'accompagne de ses propres observations, de celles du chef de corps ou du commandant de la division sous l'autorité duquel le soldat ou le marin se trouve immédiatement placé, et enfin, de toutes les pièces de nature à éclairer le jugement du Ministre.

Pour les marins, le conseil de discipline est composé d'un capitaine de frégate pris hors de la division dont le prévenu fait partie, des deux plus anciens lieutenants de vaisseau et des deux plus anciens enseignes de vaisseau de la division, pris hors de la compagnie du marin inculpé. S'il n'y a pas à la division assez d'officiers pour former le conseil de discipline, le Préfet maritime le complète avec des officiers de marine du même grade employés dans le port.

Lorsqu'un capitaine juge qu'un marin de sa compagnie mérite, par sa mauvaise conduite habituelle, d'être envoyé à la compagnie de discipline, il en fait son rapport par écrit au commandant du bâtiment ou au commandant de la division, suivant le cas. Il y relate les fautes du marin, les peines qui lui ont été infligées et les récidives qui donnent à sa conduite un caractère dangereux pour l'ordre et la police du corps ou de l'équipage; ce rapport est ensuite transmis au major général, qui prend les ordres du Préfet maritime pour la convocation du conseil de discipline.

Conformément à l'ordonnance du 25 décembre 1842, la compagnie de discipline est divisée en deux sections, l'une de fusiliers et l'autre de pionniers. La section des pionniers est destinée à recevoir ceux des fusiliers qui, par la nature de leurs fautes ou par leur mauvaise conduite, doivent être soumis à un régime plus sévère. Toutefois, le passage d'un disciplinaire de la section de fusiliers dans celle de pionniers ne peut avoir lieu, sauf les cas d'urgence, qu'en vertu d'une décision du Ministre, rendue sur l'avis du conseil de discipline de la compagnie.

Escouades de gabiers de port et de gardiennage des vaisseaux.

Les escouades de gabiers de port et de gardiennage des vaisseaux doivent leur organisation à l'ordonnance du 1er juillet 1831. Les gabiers de port sont chargés, sous l'autorité du directeur du port, de toutes les opérations relatives au halage et au gréement des bâtiments dans le port, ainsi que de tous les autres travaux ressortant de la direction des mouvements du port.

Chaque escouade de gabiers est composée de dix hommes, savoir : un patron, chef d'escouade ; quatre gabiers de première classe et cinq de deuxième ; la réunion de deux escouades forme une section commandée par un contre-maître.

Lorsque dans un port il se trouve cinq sections et plus, elles forment une compagnie dont le commandement est donné à un lieutenant de vaisseau attaché à la direction des mouvements du port.

Les avancements d'une classe à l'autre sont opérés par le conseil d'administration du port, sur la proposition du capitaine de compagnie, ou sur celle du directeur, lorsque les escouades ne sont pas organisées en compagnies.

Les escouades de gardiennage sont chargées, sous la responsabilité des maîtres, de la garde, de l'entretien et de la propreté des vaisseaux désarmés, ainsi que du matériel qui s'y trouve déposé. L'organisation de ces escouades est semblable à celle des escouades de gabiers de port ; les unes et les autres se recrutent parmi les anciens gabiers des bâtiments de l'État, porteurs de certificats de bonne conduite, et parmi les officiers-mariniers en disponibilité.

Agents de surveillance des chiourmes.

Les compagnies d'agents de surveillance des chiourmes sont administrées par un conseil composé du commissaire des chiourmes, d'un adjudant et d'un sous-adjudant chargés de la tenue de la compagnie. Le recrutement s'opère au moyen d'enrôlements volontaires, dont la durée est fixée à six et à huit années ; il est accordé une prime de 80 francs pour les premiers, et de 100 francs pour les seconds. Les anciens militaires sont reçus de préférence, et admis à contracter des engagements jusqu'à l'âge de cinquante ans.

Ouvriers pompiers.

Les ouvriers pompiers des arsenaux sont également organisés en compagnies placées sous le commandement du directeur du port. Ils sont chargés de l'entretien, de la conservation et de la manœuvre du matériel en service contre les incendies. Les ouvriers des ports dont les professions se rapprochent le plus de celle de pompier, sont de préférence admis à s'engager dans ces compagnies. Ces engagements sont de sept ans et se contractent devant le directeur du port.

Chaque ouvrier, en arrivant à la compagnie, reçoit, par les soins de l'officier de la direction des mouvements du port, spécialement chargé des détails relatifs au service et à la tenue des pompiers, des effets d'habillement et d'équipement, dont la durée est fixée par un tarif. Tout ouvrier renvoyé avant l'expiration de son congé, pour inconduite, est tenu de rembourser la valeur des effets qui lui ont été fournis, si le terme de leur durée n'est pas encore échu.

Les délivrances d'effets sont, au fur et à mesure, inscrites à leur date sur un livret dont chaque ouvrier pompier doit être porteur; elles sont, de plus, mentionnées sur un registre spécial tenu à la direction du port.

Les ouvriers pompiers doivent, comme tous les autres ouvriers de l'arsenal, répondre aux appels, les jours où la cloche sonne; lorsqu'ils ne sont pas employés au dépôt des pompes, ils sont répartis dans les autres ateliers de la direction dont ils dépendent, et affectés aux travaux qui se rapportent le plus à leur profession. Ils sont payés pour tous les jours du mois, sans exception.

CHAPITRE IV.

BATIMENTS ARMÉS.

Régime des équipages à la mer. — Rôle d'équipage. — Point de départ de la comptabilité du personnel embarqué. — Les sommes dues par les marins qui, au moment de leur embarquement, n'ont pas remboursé la valeur des effets à eux fournis par la division, sont portées en débit au compte du bâtiment. — Conseils d'administration des bâtiments armés. — Effets de prévoyance. Approvisionnement de savon, tabac, etc. — Délivrances d'effets d'habillement en cours de campagne. Règles à suivre. — Ventes des sacs. Dans quel cas il y est procédé. — Effets détériorés ou perdus. — A la mer, le décompte individuel s'établit à la fin de l'année seulement. — Réintégration dans les magasins de la division des effets de prévoyance non employés pendant la campagne. — Paiement de la solde et du traitement de table. — Pièces à joindre aux mandats de paiements en général. — Inscription à faire de tous les paiements sur le rôle d'équipage, les livres de compagnie, sur les livrets des hommes et sur le livret de solde. — Délégations. — Contrôle et centralisation, par le commissaire aux armements, de la comptabilité relative à la solde et à l'habillement des équipages à la mer. — Feuilles de journées. Décomptage annuel du rôle d'équipage. — Marins débarqués en cours de campagne. — Versements, à la caisse des Invalides, des sommes dues aux marins absents. — Vivres. — Centralisation au port d'armement de la comptabilité des vivres. — Responsabilité du commis aux vivres. — Comptabilité du matériel embarqué. Règlement d'armement. — Feuilles d'armement et inventaire du matériel d'approvisionnement. — Délivrances après l'armement. Versements. Achats. Objets confectionnés ou démolis à bord. Règle générale. — Responsabilité des maîtres chargés. — Dépense et consommation du matériel embarqué. Consommations ordinaires et extraordinaires. — Remises en magasins. Pertes. Versements. — Contrôle et centralisation, par le Commissaire aux travaux, de la comptabilité du matériel embarqué. — Apurement de la comptabilité du bord. — Des dépenses en pays étrangers. — Règles relatives à l'émission des traites. — Pièces justificatives à joindre aux avis d'émission. — Classification des dépenses à effectuer en pays étranger. — Paiements effectués aux équipages en monnaies étrangères. — Des conseils d'avancement. — Décrets du 31 août 1849 et du 27 décembre 1851.

Régime administratif des équipages à la mer.

Ainsi que nous l'avons déjà dit, la comptabilité des équipages la mer est, depuis l'ordonnance du 1er mars 1832, entièrerement distincte de la comptabilité à terre, et quels que soient l'emploi, la destination et la répartition des compagnies sur les bâtiments de la flotte, elles sont administrées séparément, et leur comptabilité ne se rattache, sous aucun rapport, à celle des divisions dont elles proviennent. Des conseils d'administration rendant directement leurs comptes, sans acception de division, à l'administration des ports d'armement ou de désarrmement, sont aujourd'hui exclusivement chargés de la solde et de l'habillement des équipages embarqués.

La dépendance administrative des marins, à l'égard des divisions où ils sont immatriculés, cesse donc à partir du moment où ils ont reçu une destination pour un bâtiment de la flotte, et la liquidation des comptes de chaque bâtiment a lieu, en ce qui concerne le personnel, non plus par l'entremise et la coopération des divisions, dans la comptabilité desquelles ils venaient se fondre autrefois, mais par l'intermédiaire du commissaire aux armements exclusivement. Toutefois, les mouvements des hommes du recrutement et des engagés volontaires continuent à être inscrits sur les matricules des divisions auxquelles ils appartiennent.

C'est donc au commissaire aux armements, chargé de suivre et de surveiller leur gestion à l'égard du personnel embarqué, que les conseils d'administration de bord doivent rendre compte de toutes leurs opérations, et adresser tous les documents qui se rattachent à leur administration. Maintenant, comment le commissaire aux armements peut-il efficacement exercer de semblables attributions à la distance où sont ordinairement les bâtiments de leur port d'armement? C'est ce que nous allons tâcher de faire comprendre en peu de mots.

Rôle d'équipage.

Lors de l'embarquement des compagnies, il est ouvert par le commissaire aux armements, d'après le double des contrôles

9

de la division tenu dans ses bureaux, et d'après les ordres et les billets de destination donnés par les services compétents pour former l'équipage du bâtiment, un rôle nominatif présentant tous les renseignements relatifs à l'âge, à la filiation, au domicile, au grade et aux services des marins embarqués. Sur ce rôle, dont le double est tenu par l'officier d'administration du bâtiment et ouvert en même temps que celui du bureau des armements, doivent être également consignés tous les mouvements et mutations qui surviennent parmi l'état-major et l'équipage du bâtiment; il y est en outre fait mention de tous les paiements effectués à quelque titre que ce soit, ainsi que de toutes les *imputations* faites aux hommes pendant le cours de la campagne.

Le rôle d'équipage est donc le document important, la base de la comptabilité du bord. Destiné, comme nous venons de le voir, à décrire sommairement toutes les opérations administratives auxquelles chaque membre de l'équipage a donné lieu, sous le rapport de la solde et de l'habillement, il est pour ainsi dire, à cet égard, le journal fidèle de la gestion du conseil d'administration. Par conséquent, la régularité de cette gestion doit nécessairement résulter de la régularité des opérations consignées au rôle d'équipage et de la concordance de ces dernières avec celles relatées sur le rôle du bureau des armements, lequel a dû être tenu au courant d'après les documents émanés du conseil de bord lui-même.

Nous examinerons plus loin en quoi doivent consister ces documents, ainsi que les rapports administratifs que les conseils des bâtiments en cours de campagne entretiennent avec l'administration du port d'armement. Occupons-nous, pour le moment, de l'administration intérieure du personnel embarqué.

Point de départ de la comptabilité du personnel embarqué.

Lorsque la comptabilité des compagnies embarquées se rattachait à celle des divisions, il n'y avait pas lieu d'arrêter définitivement et de clore le décompte de solde et d'habillement au moment de l'embarquement des hommes, puisque, sous ce double rapport, les fonctions administratives attribuées aujourd'hui aux conseils d'administration de bord, étaient exercées par ces conseils, non pas pour le propre compte des bâtiments, ce qui aurait scindé d'une manière absolue l'administration des équipages à terre et à la mer, mais pour le compte des divisions. Depuis, au contraire, que, grâce aux modifications introduites dans le régime administratif des équipages par l'ordonnance de 1852, la comptabilité du personnel embarqué ne vient plus se fondre dans celle des divisions dont elle était jusqu'alors un des éléments constitutifs, l'une a dû s'arrêter au point où l'autre commençait, c'est-à-dire, à l'embarquement des compagnies.

Aujourd'hui donc, lorsqu'un certain nombre de compagnies des équipages de ligne reçoivent une destination pour un bâtiment de l'État, leur décompte de solde et d'habillement doit être arrêté définitivement et payé, s'il y a lieu, par les soins du conseil d'administration de la division, jusqu'au jour de leur embarquement; les sacs sont en outre complétés réglementairement, et les livrets individuels arrêtés.

Les sommes dues par les marins qui, au moment de leur embarquement, n'ont pas remboursé la valeur des effets à eux fournis par la division, sont portées en débit au compte du bâtiment.

S'il résultait du décompte d'habillement que les hommes n'eussent pas encore entièrement remboursé à l'État la valeur des effets qui leur auraient été délivrés, il serait dressé en

double expédition, par les soins de la division, un état nominatif constatant les sommes dont chaque homme serait redevable.
La première expédition de cet état, signée du commissaire aux
armements, resterait entre les mains du conseil d'administration de la division, pour servir à créditer son compte d'habillement dans la revue générale de liquidation; et la seconde, revêtue de la signature du conseil d'administration du bord, qui
déclarerait en avoir reçu un extrait, serait conservée par le
commissaire aux armements, qui porterait au contraire en
débit, au compte du bâtiment, et comme avance, le montant de
ces sommes. Les dettes que les marins pourraient avoir contractées envers l'État, à quelque titre que ce soit, seraient en
outre apostillées à leur compte sur le rôle d'équipage, afin d'en
assurer le remboursement, et les retenues sur leur solde seraient
exercées conformément aux règles que nous avons posées dans
le chapitre précédent.

Conseils d'administration des bâtiments armés.

Les conseils d'administration des bâtiments armés se composent du commandant, de l'officier en second et de l'officier
d'administration faisant fonction de secrétaire. Leurs attributions consistent à pourvoir à l'habillement de l'équipage, à faire
acquitter la solde, tant dans les ports de France qu'à l'étranger,
et à diriger toutes les opérations relatives à la comptabilité et à
l'administration du personnel et du matériel embarqués. Leur
responsabilité, à l'égard de ces opérations, s'étend à toutes les
sommes dont ils font emploi, à quelque titre que ce soit, et à
toutes les consommations d'effets ou d'objets de matériel effectuées pendant le cours de la campagne.

Les sacs devant être, comme nous l'avons dit, complétés réglementairement, par les soins de la division, au moment de l'embarquement des compagnies, les attributions des conseils d'administration de bord relatives à l'habillement se bornent à pourvoir au remplacement des effets de l'équipage pendant le cours de la campagne. A cet effet, il est embarqué, avant le départ et sur la demande du conseil d'administration du bâtiment, un approvisionnement d'effets de prévoyance dont l'importance varie suivant la nature et la durée présumée de la campagne. Cet approvisionnement est tiré des magasins de la division à laquelle la demande est adressée, et il est, après sa délivrance, porté au débit du bâtiment et considéré comme dépense définitive pour la division. Le prix des effets qui le composent et sa valeur totale sont inscrits, par les soins de l'officier d'habillement de la division, sur un livret signé de lui, qu'il remet au secrétaire du conseil du bord, auquel il tient lieu d'inventaire. Ce livret est destiné à servir en outre à l'inscription de tous les versements, à charge ou à décharge du conseil d'administration du bord, qui pourraient avoir lieu pendant la campagne, et dont le résultat serait de modifier ledit inventaire.

Il est également fourni à chaque bâtiment, par le magasin général et sur la demande du conseil d'administration, une quantité de savon et de tabac proportionnée à la force de l'équipage et à la durée présumée de la campagne. La dépense de ces objets est justifiée, à bord, dans les formes voulues pour les fournitures d'habillement et sur les mêmes états. (*Ordonnance du 11 octobre 1836.*)

Les effets de prévoyance doivent être placés à bord dans un local convenablement disposé, et le soin de leur conservation est particulièrement confié au commandant et à l'officier en second. Ils doivent être visités au moins une fois par mois, et le résultat de cette visite doit être mentionné sur le journal du bord et sur le rôle d'équipage.

Délivrance d'effets d'habillement en cours de campagne. — Règles à suivre.

En cours de campagne, les effets d'habillement sont délivrés sur des états nominatifs de demande, dressés par les capitaines de compagnies et visés par le commandant. Ces états sont remis à l'officier d'administration qui, après avoir effectué la délivrance des effets, fait imputation au compte particulier des hommes, sur le rôle d'équipage, du montant de la fourniture faite à chacun.

Il est enjoint aux conseils d'administration de ne faire de délivrance d'effets, à la mer et à la fin des campagnes, que proportionnellement aux sommes acquises, et de les suspendre même entièrement dans certains cas, lorsque, par exemple, les hommes doivent être renvoyés en France pour être congédiés du service, ou pour y subir un jugement.

Vente des sacs. — Dans quels cas il y est procédé.

Nous avons dit que le remboursement des fournitures d'effets d'habillement s'opérait, à terre comme à la mer, au moyen d'une retenue fixée à **40** centimes pour les hommes et à **25** centimes pour les mousses, et que pour les absents, en congé ou à l'hôpital, elle s'élevait à la totalité de la solde de congé ou d'hôpital, lorsque cette solde était inférieure à ladite retenue.

Lorsque l'absence des marins a d'autres causes, lorsqu'ils ont déserté de leur navire, par exemple, ou manqué son départ, l'État se rembourse des avances qui leur ont été faites, en faisant procéder à la vente de leurs sacs. Ils sont, à cet effet, inventoriés dès que l'absence a été constatée, et la vente a lieu par les soins de l'officier d'administration. Dans le cas où le produit qu'elle donnerait serait supérieur au montant de la dette des marins ci-dessus désignés, le surplus en serait déposé à la caisse des gens de mer, pour être restitué à qui de droit.

La mort du marin au service donne également lieu à la vente de son sac; seulement, sa dette reste alors, déduction faite du produit de cette vente et de la solde qu'il a acquise, à la charge de l'État.

Effets détériorés ou perdus.

Les effets d'habillement fournis aux hommes en remplacement d'effets perdus ou détériorés prématurément par leur faute ou leur négligence, donnent lieu à une retenue des deux tiers de la solde. Lorsque, au contraire, les effets délivrés à des marins ont été perdus ou détruits par des événements de force majeure dûment constatés, il leur est fait remise du montant de la valeur desdits effets, estimée d'après le temps qu'il leur restait à faire. Dans tous les cas, le marin n'est ainsi dégrevé que sur la décision du Ministre auquel doit être adressé, par l'intermédiaire du Préfet maritime, le procès-verbal de la commission nommée à l'effet de constater la cause de la perte des effets.

A la mer, le décompte individuel s'établit à la fin de l'année seulement.

Nous avons vu qu'à terre le compte d'habillement était arrêté tous les trimestres et au moment de l'embarquement des compagnies, d'après les feuilles de décompte. A la mer, il n'y a point de décompte individuel d'habillement; le décompte individuel comprend la solde payée et la valeur des effets fournis, et s'établit à la fin de l'année, si le bâtiment reste armé, ou à l'époque du débarquement des hommes. Nous verrons plus loin, lorsque nous traiterons des rapports administratifs des conseils d'administration des bâtiments armés avec l'administration du port d'armement, quelles sont les pièces qui servent à établir ce décompte.

Réintégration dans les magasins de la division des effets de prévoyance non employés pendant la campagne.

A la fin des campagnes, les effets non employés de l'approvisionnement de prévoyance sont réintégrés dans les magasins de la division, après avoir été préalablement examinés par une commission composée du commandant de la division, du commissaire aux armements et de l'officier d'habillement; si les effets sont détériorés, il en est dressé procès-verbal, et la perte résultant de cette détérioration est évaluée par la commission et reste à la charge du conseil d'administration du bâtiment, dans le cas où elle pourrait être imputée à sa négligence.

Paiement de la solde et du traitement de table.

Le paiement de la solde du personnel embarqué est effectué en rade et dans les ports de France ainsi qu'à l'étranger, au nom du conseil d'administration du bord, par les capitaines de compagnies, pour les hommes de l'équipage, et par l'officier d'administration, pour l'état-major, le petit état-major et les surnuméraires.

En France, ce paiement a lieu, mois par mois, à terme échu. En cours de campagne, les officiers et maîtres chargés peuvent être payés jusqu'à concurrence de la moitié et même de la totalité des sommes acquises; mais les officiers-mariniers, marins et surnuméraires ne peuvent recevoir que des à-compte de solde,

dans la proportion d'un mois sur quatre. Toutefois, les suppléments et allocations de toute nature peuvent être payés intégralement et à terme échu.

Le traitement de table alloué, tant en France qu'à l'étranger,
aux états-majors, ne fait pas partie de la solde individuelle et
ne peut être touché que d'une manière collective, par le chef
de table au nom duquel sont expédiés les mandats. Il en est
tenu un compte particulier, en tête du rôle d'équipage, sur des
feuilles à ce destinées.

Dans les ports et sur les rades de France, les mandats de
paiement sont expédiés par le commissaire aux armements,
d'après des états nominatifs, pour l'état-major, et des états
d'effectif, décomptés par grade et classe, pour l'équipage. Hors
de France, et quels que soient d'ailleurs les moyens de crédit
auxquels on ait recours pour effectuer le paiement de la solde
due à l'équipage, il ne peut y être procédé que sur des états
nominatifs dressés dans la forme ci-dessus et quittancés par le
conseil d'administration.

Pièces à joindre aux mandats de paiement en général.

Remarquons ici en passant que tout mandat collectif doit,
pour être payé à l'une des caisses du Trésor public, être accompagné, s'il s'agit d'à-compte de solde, d'états d'effectif,
et s'il s'agit du solde de l'exercice, d'états nominatifs portant
décompte. Ces états, dressés et quittancés par les conseils d'administration compétents, lorsqu'il s'agit de la solde des équipages ou des corps organisés, doivent indiquer en outre : 1° le
grade ou l'emploi; 2° la position de présence ou d'absence; 3° le
service fait; 4° la durée du service; 5° les sommes dues en vertu
des lois, réglements, décisions, etc.

Ajoutons que, pour les paiements individuels, le mandat

portant décompte, il n'y a pas, par suite, de pièces à produire ;
et qu'enfin, dans le cas où les dépenses s'appliquent au matériel,
les pièces à joindre aux mandats doivent consister en copies ou
extraits dûment certifiés des marchés, soumissions, etc., et en
certificats constatant le service fait. (*Ord. du 31 mai 1838.*)

Inscription à faire de tous les paiements sur le rôle d'équipage, les livres de compagnie, les livrets individuels, et le livret de solde.

Dès que le Trésor, sur la remise des pièces dont il vient d'être
question, a effectué le versement des fonds entre les mains du
conseil d'administration ou de son fondé de pouvoirs, il est procédé à bord à leur distribution, par les soins des capitaines des
compagnies et de l'officier d'administration. Cette distribution
opérée, les paiements individuels sont aussitôt inscrits sur le
rôle d'équipage, sur les livres de compagnie et sur les livrets
des hommes. Chaque paiement effectué donne lieu en outre à
une inscription sur un livret de solde, coté et paraphé par le
commissaire aux armements et délivré, au moment de l'armement, au conseil d'administration du bord.

Lorsque les fonds destinés au paiement de la solde de l'équipage
ne peuvent être distribués sur-le-champ, ils sont déposés à bord
dans une caisse à trois clefs confiées aux membres du conseil
d'administration.

Délégations.

Nous n'avons pas parlé jusqu'ici de la faculté accordée aux
marins de déléguer une partie de leur solde à leurs familles et
même à des tiers. Cette faculté, qui ne peut être considérée
que comme une faveur concédée par l'État en compensation
des charges que le régime de l'Inscription fait peser sur la population maritime, a néanmoins été convertie, par l'ordonnance

de 1784, en un devoir dont le commissaire des classes peut, en certains cas, requérir l'accomplissement. Ainsi, il peut, d'office, opérer, à titre de délégation, une retenue sur la solde des marins en faveur de leurs femmes et de leurs enfants.

Ce pouvoir octroyé aux commissaires des classes, dans l'intérêt, il est vrai, des familles des marins, semble excéder, au premier abord, les limites de la tutelle dont ils sont investis à l'égard de ces derniers ; car le droit de requérir des citoyens l'observation des articles 203 et 214 du code civil, relatifs aux devoirs du mari envers sa femme et ses enfants, appartient exclusivement aux tribunaux. Cependant, non-seulement les dispositions de l'ordonnance de 1784, en ce qui concerne les délégations d'office, n'ont pas été abrogées, mais elles ont été maintes fois rappelées par le Ministre dans ses dépêches, avec recommandation expresse aux commissaires de l'Inscription maritime de ne jamais hésiter à user du droit que la loi leur confère en disposant de l'épargne des marins sans leur consentement, et même malgré leur opposition, lorsqu'il s'agit de subvenir aux besoins des familles.

Les délégations consenties par les officiers-mariniers et marins des trois classes ne sont autorisées qu'en faveur de leurs femmes, enfants, frères ou sœurs et ascendants. Cependant, cette règle souffre quelques exceptions, comme dans le cas, par exemple, où la délégation d'un marin serait consentie par lui en faveur d'enfants qu'il aurait recueillis ou élevés.

Les officiers seuls sont admis à déléguer à des tiers indistinctement, après en avoir toutefois obtenu l'autorisation du Préfet maritime.

Les délégations des officiers et marins embarqués sont payées aux familles, soit directement par le commissaire aux armements, lorsqu'elles se trouvent dans le port où compte le bâtiment, soit par l'entremise des commissaires de l'Inscription maritime, lorsqu'elles habitent un autre point du territoire. Ces paiements s'effectuent tous les trimestres à terme échu, que les états ou feuilles de mouvements soient ou non parvenus au port d'armement; les délégations consenties en faveur de tiers ne peuvent, au contraire, être payées, en cours de campagne, que sur le montant des sommes acquises, constatées par lesdits états et feuilles de mouvements.

A terre, les officiers sont admis à déléguer, au plus, la moitié de leurs appointements, et les quatre cinquièmes à la mer. Les délégations consenties par les officiers-mariniers et matelots, peuvent s'élever au tiers de leur solde intégrale et même au-delà du tiers pour certaines classes de marins; elles s'établissent toujours sans avoir égard aux mouvements d'hôpitaux, et quelles que soient les retenues exercées sur les salaires des hommes.

Les délégations des équipages présumés avoir péri par suite de sinistres de mer, continuent à être payées aux familles seulement, savoir : pendant un an, si le bâtiment sur lequel se trouvaient ces marins avait une destination pour les mers d'Europe; pendant deux ans, pour les lieux situés hors d'Europe, dans l'Atlantique; et pendant trois ans, pour les lieux situés au-delà des caps de Horn et de Bonne-Espérance. Quant à la clôture des rôles des bâtiments qui ont disparu, elle ne doit avoir lieu également qu'à l'époque où doivent cesser les délégations à payer aux familles.

Dans le cas où les officiers-mariniers, marins ou autres ainsi disparus, n'auraient pas consenti de délégations, leurs femmes et leurs enfants recevraient, à titre de secours, la portion de solde qu'ils auraient été autorisés à déléguer, et la durée de ces secours serait réglée conformément aux principes qui viennent d'être posés; enfin, si ces marins étaient célibataires ou veufs sans enfants, leurs ascendants auraient droit à une indemnité égale à deux mois de la solde affectée au grade des individus dont ils sont appelés à recueillir l'héritage. (*Ordonnance du 11 octobre 1836.*)

Contrôle et centralisation, par le commissaire aux armements, de la comptabilité relative à la solde et à l'habillement des équipages à la mer.

Nous avons déjà dit que la base de la comptabilité relative au personnel embarqué était le rôle d'équipage qui devait être tenu simultanément, à bord, par l'officier d'administration sous la surveillance du conseil, et à terre, par le commissaire aux armements. Nous avons dit aussi que le rôle tenu par ce dernier devant être la fidèle reproduction de celui du bord, il était de toute nécessité que le commissaire aux armements fût exactement instruit de tous les mouvements et mutations qui ont lieu parmi les équipages, de tous les paiements et délivrances d'effets effectués à bord, en un mot, de tous les faits essentiels relatifs à la comptabilité du personnel embarqué.

Pendant le séjour des bâtiments sur rade, le commissaire aux armements est instruit de tous les mouvements et mutations qui surviennent parmi les marins et officiers-mariniers, puisque tous les billets de destination, billets d'entrée à l'hôpital, ordres de sortie, de débarquement, etc., doivent passer par ses mains et être enregistrés dans ses bureaux.

Pour les bâtiments en cours de campagne, au contraire, le commissaire aux armements n'a d'autres renseignements sur la situation de leurs équipages, que ceux qui lui sont fournis par les conseils d'administration eux-mêmes; il importe donc que ces renseignements parviennent au port d'armement avec toutes la régularité possible; aussi est-il expressément recommandé de dresser les états de mutations par primata et duplicata, de les expédier en France par toutes les occasions qui peuvent se présenter, et de faire mention de chaque envoi de ce genre sur le journal du bord et sur le rôle d'équipage.

Les livraisons faites aux hommes sur les effets de prévoyance et l'approvisionnement de tabac et de savon sont, de leur côté, consignées, à la fin de chaque trimestre, sur des états de dépense que les conseils de bord adressent au commissaire des armements par primata et duplicata, et par des *voies différentes,* afin que celui-ci fasse imputation de la valeur de ces effets au compte particulier de chaque homme.

Les paiements, de quelque nature qu'ils soient, effectués à l'équipage, sont aussi portés à la connaissance du commissaire aux armements par l'envoi à ce fonctionnaire, en double expédition et par des voies différentes, des états nominatifs décomptés par grade et classe, dont il a été parlé précédemment.

L'envoi de tous ces documents suffit donc pour mettre l'administration du port d'armement à même de suivre et de vérifier toutes les opérations des conseils d'administration des bâtiments armés. Cependant, les états cités plus haut ne sont, à proprement parler, que des pièces provisoires, suffisantes pour tenir la comptabilité du bureau des armements au courant de celle du bord, mais impropres à l'établissement de la revue de liquidation de fin d'année et du décompte individuel comprenant la solde payée et la valeur des effets fournis.

Feuilles de journées.— Décomptage annuel du rôle d'équipage.

Ce décompte s'établit, à la fin de chaque année ou à la fin de la campagne, au moyen de feuilles de journées dressées par l'officier d'administration du bord, et destinées à relater les mutations et mouvements du personnel pendant l'année, le crédit de chaque homme, ainsi que les paiements pour solde et accessoires (y compris le montant de la valeur des fournitures d'effets d'habillement, savon, tabac, etc.) effectués, pendant l'exercice, à chaque marin embarqué. Les feuilles de journées sont dressées en double expédition et envoyées séparément, par primata et duplicata, au port qui compte de la dépense du bâtiment. Il doit être fait annotation de cet envoi sur le rôle d'équipage et sur le journal du bord.

Les feuilles de journées sont vérifiées, par le commissaire aux armements, sur les feuilles d'habillement et les états de mutations et de paiements qui ont dû lui être envoyés par le conseil d'administration du bord, ainsi que nous l'avons vu plus haut, et ce n'est que lorsque cette vérification a eu lieu, que le décomptage du rôle est opéré et qu'est définitivement établie la revue générale de comptabilité, comprenant, d'une part, les sommes auxquelles les officiers-mariniers, marins et autres ont eu droit pendant l'année expirée, et de l'autre, celles qu'ils ont effectivement touchées, soit en numéraire, soit en fournitures d'effets d'habillement.

Versement, à la Caisse des gens de mer, de sommes dues aux marins absents.

Dès que le décomptage final est opéré, le commissaire aux armements dresse des états nominatifs indiquant les sommes qui restent dues aux marins absents, et expédie, au nom du trésorier des invalides, un mandat de paiement de la totalité de ces sommes; ce mandat est ensuite touché à l'une des caisses du Trésor public, et le montant en est déposé à la caisse des gens de mer en attendant le retour des marins, ou jusqu'à ce qu'il ait été réclamé par leurs fondés de pouvoirs.

Le désarmement des bâtiments, à leur retour de campagne, donne lieu aux mêmes opérations, et la solde qui reste due à l'équipage sur l'exercice courant lui est payée par les soins du conseil d'administration et par l'intermédiaire du commissaire aux armements, qui expédie, comme dans le cas précédent, les mandats de paiement.

Marins débarqués en cours de campagne.

Lorsque des marins sont débarqués en cours de campagne, soit pour faire partie de l'équipage d'un autre bâtiment, soit pour être renvoyés en France, leur décompte ne leur est pas payé par le conseil d'administration du bâtiment qu'ils quittent. Il leur est seulement délivré un extrait du rôle d'équipage établissant leur situation financière à l'époque de leur débarquement, et cette pièce leur sert à réclamer ultérieurement les sommes qui peuvent leur être dues.

Quant aux sommes dues sur les exercices antérieurs et déposées à la caisse des gens de mer, nous verrons plus loin, lorsque nous traiterons de l'établissement des invalides, comment la remise en est effectuée aux parties intéressées.

Vivres.

Les vivres fournis aux bâtiments de l'État varient de nature et de qualité, suivant qu'ils sont destinés à la subsistance des équipages, à l'armement et dans les ports, ou en cours de campagne. Dans le premier cas, ils sont journellement fournis par les magasins des subsistances de la marine; dans le second, ils sont pris sur l'approvisionnement de campagne du bâtiment. Leur conservation et leur distribution à bord sont confiées au commis aux vivres, agent personnellement responsable, chargé d'en tenir la comptabilité, conjointement avec l'officier d'administration, sous la surveillance du conseil du bord.

Les demandes de vivres de journalier s'établissent sur le nombre d'hommes présents à bord et sur le nombre de ceux que l'on présume pouvoir être embarqués jusqu'au renouvellement desdites demandes. Lorsque ce renouvellement a lieu, la pré-

cédente demande est régularisée au moyen de feuilles de mutations et mouvements, certifiées par le conseil d'administration,
et constatant la dépense de rations réellement effectuée. Ces
feuilles corrigent ainsi l'inexactitude du nombre de rations de
prévoyance, et les excédants, s'il y en a, sont alors portés en
déduction sur la demande suivante.

Les dépenses de vivres de campagne se régularisent d'une
manière analogue, c'est-à-dire qu'elles sont justifiées par le
nombre de journées de présence à bord, constatées par le rôle
d'équipage, et par les distributions réellement faites. Dans ces
distributions sont comprises, non-seulement les délivrances ordinaires effectuées d'après l'effectif général que l'officier d'administration fixe, chaque jour, au commis aux vivres, mais
encore les délivrances extraordinaires accordées pour travaux,
récompenses, pansements, etc. Les unes et les autres sont journellement inscrites, avec indication de leur nature et de leurs
quantités, sur un casernet de cambuse arrêté, après chaque distribution, par la commission qui a assisté à cette opération.

Les quantités de rations consommées par chacun des individus embarqués sont en outre consignées sur un rôle nominatif
de rations, tenu contradictoirement par l'officier d'administration
et par le commis aux vivres; ce rôle est arrêté à la fin de chaque
mois, d'après le nombre de journées de présence, constatées par
le rôle d'équipage, et d'après les délivrances effectuées, pour
chaque espèce de denrées. Les recettes sont inscrites sur ce rôle,
de mois en mois, par nature de denrées, et séparément les dépenses; une balance fixe ensuite la situation du bâtiment sous
le rapport des subsistances.

Les économies provenant des retranchements de vin, ou celles
résultant d'une absence momentanée des hommes, non suscep-
tible d'être mentionnée sur le rôle d'équipage, sont, chaque jour,
inscrites, ainsi que les doubles rations, sur un casernet spécial.

A la fin du mois, la balance est établie, et les économies qu'elle fait ressortir sont portées en recette sur le rôle de rations, comme s'il s'agissait d'une nouvelle fourniture.

Centralisation au port d'armement de la comptabilité des vivres.

La comptabilité des vivres vient se centraliser au port d'armement. Elle est suivie et contrôlée par le commissaire chargé du service des subsistances, et les pièces qui lui sont adressées, à l'effet de le tenir au courant de cette comptabilité, sont analogues à celles que les conseils de bord sont tenus de faire parvenir au commissaire aux armements pour tout ce qui concerne la solde et l'habillement des équipages.

Les documents à transmettre, pour justifier les consommations de denrées en cours de campagne, consistent en états mensuels de mouvements, certifiés par l'officier d'administration, reconnus et signés par le commis aux vivres, et visés par le commandant et le second. Les consommations faites en sus de la ration réglementaire sont en outre motivées et détaillées dans des feuilles séparées, qui sont jointes aux états de mouvements et envoyées avec ces derniers par les occasions les plus sûres et les plus promptes.

Responsabilité du Commis aux vivres.

Le commis aux vivres, comme responsable et comptable des vivres embarqués à bord, est tenu de justifier de leur emploi intégral, déduction faite du tant pour cent qui lui est accordé pour pertes, coulages et déchets de distribution, ou de présenter, pour sa décharge des quantités non employées à bord, des états de versements, des récépissés en bonne forme, ou s'il s'agit de pertes par force majeure ou de jets à la mer, des procès-veraux x authentiques constatant l'évènement.

Comptabilité du matériel embarqué. — Règlement d'armement. Feuilles d'armement et inventaire du matériel d'approvisionnement.

La totalité des objets de matériel composant l'approvisionnement normal des bâtiments de guerre est déterminée, pour chaque espèce de bâtiment, par un règlement d'armement; il en résulte que nulle délivrance ne peut être effectuée, à l'armement, en dehors des prescriptions du règlement, et après l'armement, à d'autres titres que pour remplacement d'objets perdus, consommés ou détruits, à moins d'un ordre écrit du Préfet maritime.

Le magasin général et les directions du port sont, comme nous l'avons déjà dit, chargés d'effectuer, chacun en ce qui le concerne, toutes les délivrances d'objets de matériel nécessaires aux bâtiments de la flotte. Ces délivrances s'opèrent, pendant l'armement, sur la présentation des feuilles d'armement, et après l'armement, sur la présentation des billets de demande, visés et approuvés par qui de droit.

Les feuilles d'armement ne sont, à proprement parler, que des extraits du règlement d'armement, comprenant, pour chaque maître en particulier, tous les objets que les différentes directions sont tenues de lui délivrer. Ces objets sont inscrits sur la feuille du maître, avec indication de leur espèce et de leurs quantités, par les soins des chefs de service compétents; les mêmes indications sont consignées en outre sur une feuille dite de magasin, revêtue de l'ordre de délivrance du directeur, et qui sert de titre au garde-magasin pour les délivrances à effectuer. Elles sont constatées, chaque fois, pour le maître qui prend charge des objets, par la signature du garde-magasin apposée sur la feuille d'armement, et pour ce dernier, par l'acquit du maître donné sur la feuille de magasin.

Lors de la clôture de l'armement, les feuilles des maîtres sont définitivement arrêtées par les garde-magasins, à la totalité des objets délivrés, et dès ce moment, aucune délivrance ne peut plus être inscrite sur ces feuilles ; leur relevé sert ensuite, conjointement avec celui des feuilles de magasin, à dresser le double inventaire du matériel embarqué, qui doit être tenu, l'un par l'officier d'administration du bord, l'autre par le commissaire aux travaux.

La concordance entre ces deux inventaires est vérifiée avant le départ du bâtiment, et doit être attestée, au bas de chacun d'eux, par la signature du commissaire aux travaux.

Délivrances après l'armement. — Versements. — Achats. — Objets confectionnés ou démolis à bord. — Règle générale.

Après l'armement, les délivrances n'ont plus lieu que sur des billets de demande, dressés en double expédition, par primata et duplicata, et signés des membres du conseil d'administration du bâtiment. Ces billets sont présentés par les maîtres aux chefs de service compétents, qui les revêtent, s'il y a lieu, de leur *bon à délivrer*. Le primata revêtu de la déclaration de prise en charge du maître reste entre les mains du garde-magasin, et le duplicata revêtu du certificat de délivrance du comptable qui l'a effectuée est rapporté à bord pour servir à constater la recette. Cette pièce est, en conséquence, communiquée au magasinier chargé de la tenue des écritures relatives à la comptabilité des maîtres, et celui-ci en fait inscription sur son journal des recettes et des dépenses au compte particulier du maître qui a pris en charge lesdits objets.

Lorsque cette opération a eu lieu, le billet est remis à l'officier d'administration qui fait à son tour inscription des délivrances effectués, sur son journal général des recettes.

A la fin du mois, les recettes de toute nature constatées sur le livre-journal du magasinier, sont récapitulées sur un état qu'il dresse pour chaque maître en particulier. Cet état, signé de ce dernier, de l'officier chargé de son détail et du second du bâtiment, est remis à l'officier d'administration.

Les délivrances faites dans les colonies par les magasins de l'État s'effectuent également sur billets de demande ; elles sont constatées, dans la comptabilité du bord, par le duplicata des billets de demande, accompagnés d'états de délivrances dressés par les fonctionnaires des colonies.

Les recettes opérées par les bâtiments peuvent provenir, en outre, de versements effectués par d'autres bâtiments, d'achats en pays étrangers et d'objets confectionnés ou démolis à bord.

Les versements effectués par d'autres bâtiments sont constatés et justifiés, dans la comptabilité du bord, par un état de versement indiquant l'espèce et la quantité des matières qui en ont fait l'objet ; cet état est revêtu des récépissés des maîtres qui ont pris charge, et est signé par les membres des conseils d'administration des deux bâtiments qui ont pris part à l'opération, soit comme donnant, soit comme recevant.

Les achats en pays étrangers sont, relativement à la manière d'y procéder et d'en effectuer le paiement, soumis à certaines règles que nous examinerons plus loin ; qu'il nous suffise de dire, pour le moment, qu'une expédition du marché ou de la facture et de l'état de liquidation des objets achetés, revêtu, comme à l'ordinaire, de la prise en charge du maître, doit être jointe à l'appui de la comptabilité du bord comme pièce justificative de la recette.

Les produits résultant de la confection ou de la démolition d'objets, à bord des bâtiments de l'État, sont constatés, pour les premiers, par un état signé des membres du conseil d'administration, revêtu de la déclaration de prise en charge du maître, et pour les seconds, par un procès-verbal de la commission qui a visité les objets et décidé leur démolition.

De ce qui précède nous tirerons donc cette conclusion, que nulle recette, effectuée à quelque titre que ce soit à bord d'un bâtiment de l'État après l'armement, n'est admise dans la comptabilité du bord, si elle n'est établie par une pièce régulière dressée par le conseil d'administration, et si à cette pièce n'est jointe la déclaration de prise en charge de l'un des comptables embarqués.

Responsabilité des Maîtres chargés.

Les maîtres sont comptables et responsables des objets inscrits sur leurs feuilles respectives, ainsi que de tous ceux qui leur sont délivrés par la suite, ou que le conseil d'administration met à leur charge pendant le cours de la campagne. Ils sont, en conséquence, tenus de justifier de toutes les dépenses et consommations quelconques qui viennent à modifier l'inventaire du matériel placé sous leur responsabilité.

Dépense et consommation du matériel embarqué. — Consommations ordinaires et extraordinaires.— Remises en magasin.— Pertes.— Versements.

Ces dépenses et consommations peuvent se classer en quatre catégories, savoir :

1° Les consommations ordinaires pour le service du bord, et les consommations extraordinaires nécessitées par un événement quelconque ;

2° Les remises en magasin ;

3° Les pertes provenant d'un accident de la navigation ;

4° Les versements effectués à des bâtiments de l'État ou du commerce.

Les consommations ordinaires pour le service du bord ont lieu sur l'ordre de l'officier en second, et sont effectuées, pour les matières et objets déposés au magasin général, sur des *bons de consommations*, signés des maîtres et approuvés par le chargé du détail. Ces bons sont, au fur et à mesure de leur délivrance, enregistrés sur le journal des recettes, tenu par le maître magasinier, au compte particulier du maître chargé de l'objet employé.

A la fin du mois, les dépenses consignées sur le journal sont récapitulées sur un état dressé par le magasinier dans la même forme que l'état des recettes dont il a été parlé plus haut, et cette pièce, accompagnée des bons de consommations, est remise à l'officier d'administration, qui en inscrit les résultats sur son registre des dépenses.

Les consommations extraordinaires donnent lieu à des écritures et à des opérations semblables, seulement, elles doivent être justifiées, non plus par les bons de l'officier en second, mais par des ordres écrits du commandant ; il doit être produit, en outre, à l'appui de chacun de ces ordres, un procès-verbal de l'évènement qui l'a motivé, et mention doit en être faite sur le journal du bord.

Les remises d'objets de matériel composant l'approvisionnement normal des bâtiments, ne peuvent s'effectuer qu'à charge de remplacement pendant la campagne, et à moins d'un ordre écrit du Préfet maritime ; elles ne sont définitives qu'au désarmement. Elles ont lieu dans tous les cas, sur des billets de remise dressés par l'officier d'administration, par primata et duplicata, et revêtus de la signature des autres membres du conseil.

Comme pour les billets de demande, les duplicata des billets de remise, revêtus du récépissé du comptable auquel les objets ont été remis, servent de pièces justificatives à l'appui de la comptabilité du bord. Si la remise a été motivée par la rupture de l'objet, on doit en représenter tous les débris, et s'il y a impossibilité, le motif doit en être indiqué sur le billet de remise. Lorsque la perte d'une ou de plusieurs portions d'un objet est de nature à motiver un procès-verbal, il en est joint un extrait au billet de remise.

Les objets remis à charge de remplacement ne sont admis dans les ateliers que sur le *bon à visiter* donné sur le primata du billet par le chef de la direction compétente. En conséquence, si ces objets sont jugés susceptibles d'être réparés, la demande *à changer* est convertie en demande *à réparer*.

Lorsqu'il s'agit de remises définitives, les objets classés dans la catégorie *à réparer* par la commission qui les a visités, sont, immédiatement après leur dépôt dans les ateliers, pris en charge, en écriture seulement, il est vrai, par le garde-magasin particulier de la direction d'où dépendent ces ateliers, et la réparation a lieu ensuite sans déplacement des objets, sur la demande du garde-magasin.

Les pertes résultant d'un accident de la navigation doivent être constatées par un procès-verbal circonstancié de l'évènement qui les a occasionnées, et dont tous les détails doivent être consignés sur le journal du bord ; ce procès-verbal, signé de l'officier de quart, du maître chargé de l'objet perdu, et des membres du conseil, est ensuite employé par le comptable à sa décharge.

La perte accidentelle des menus objets est suffisamment constatée par l'inscription de l'évènement sur le journal du bord et l'état mensuel de consommations.

Tout ce que nous avons dit concernant la constatation des recettes provenant de versements, s'applique à la justification des dépenses, dans la comptabilité du bâtiment qui effectue lesdits versements. Dans l'un et l'autre cas, l'état de versement est dressé en triple expédition, et chacun des bâtiments qui ont pris part à l'opération en garde une ; quant à la troisième, elle est envoyée au commissaire aux travaux (1). Si le versement a été effectué à des navires du commerce, l'expédition de l'état de versement destinée à ce commissaire doit être communiquée par lui au commissaire aux approvisionnements chargé de pourvoir au recouvrement de la valeur des objets cédés.

Contrôle et centralisation, par le commissaire aux travaux, de la comptabilité du matériel embarqué.

Le commissaire aux travaux est investi, relativement à la comptabilité du matériel en service à bord des bâtiments de l'État, d'attributions en tout point conformes à celles du commissaire aux armements concernant la comptabilité du personnel embarqué. Il est, comme ce dernier, chargé de suivre et de vérifier toutes les opérations du conseil d'administration, mais seulement en ce qui concerne le matériel ; aussi doit-il, de son côté, être exactement tenu au courant de tous les faits qui se rattachent à cette comptabilité.

Mais pour qu'il puisse se prononcer avec connaissance de cause sur la gestion soumise à sa vérification, il lui faut une base, des données premières, ou, pour mieux dire, une pièce authentique établissant préalablement la situation du matériel d'approvisionnement du bâtiment à sa sortie du port. Cette pièce authentique, point de départ de la comptabilité du matériel, comme le rôle d'équipage est celui de la comptabilité du personnel, c'est l'inventaire dressé à la clôture de l'armement.

Nous avons déjà vu comment était dressé l'inventaire du matériel d'approvisionnement sur la présentation des feuilles des maîtres, et parlé de la concordance qui devait exister entre cet

(1) Lorsque le versement concerne des objets hors de service et à renvoyer en France, l'expédition de l'état de versement destinée au port d'armement est adressée au Ministre. (*Art.* 257 *de l'Instruction du* 15 *Janvier* 1846.)

inventaire et celui ouvert au bureau des travaux. Tous les trois mois, les recettes et les dépenses de toute nature effectuées pendant le trimestre expiré, et constatées par les états mensuels des maîtres, sont inscrites sur l'inventaire par les soins de l'officier d'administration ; les unes et les autres sont ensuite totalisées par lui, et il a soin d'en faire ressortir chaque fois la différence.

Au désarmement, toutes les remises faites aux divers services y sont également inscrites, et la balance définitive est établie. Le commissaire aux travaux s'assure de la régularité de ces opérations de la manière suivante : relativement aux recettes d'objets provenant des magasins de l'État ou des colonies, et aux remises effectuées à ces mêmes magasins ou colonies, il vérifie si les quantités et l'espèce des objets inscrits sur le registre des recettes et des dépenses et sur l'inventaire-balance, sont conformes à celles mentionnées sur les duplicata des billets de demande et de remise qui ont été déposés entre ses mains avec tous les autres registres de comptabilité. S'il s'agit de recettes provenant d'achats effectués en pays étrangers, ou de versements faits par d'autres bâtiments, il s'assure que l'espèce et les quantités des matières inscrites sur les registres ci-dessus mentionnés, concordent avec celles portées sur les marchés, factures ou états de versements, dont il a dû lui être envoyé une expédition.

Le commissaire aux travaux vérifie enfin la régularité de toutes les consommations et dépenses ordinaires pour le service du bord, et extraordinaires résultant de pertes ou d'évènements quelconques. Pour les premières, effectuées en vertu des *bons* de l'officier en second, il s'assure que les quantités qui y sont relatées sont conformes à celles allouées par les règlements. Quant aux secondes, il constate si elles sont appuyées de procès-verbaux ou d'ordres écrits du commandant, et si elles n'ont pas donné lieu à des observations inscrites sur ces procès-verbaux.

Dès que le commissaire aux travaux a vérifié cette comptabilité sur les registres, journaux de bord, procès-verbaux et autres pièces justificatives, il fait un rapport dans lequel il signale les irrégularités qu'il a remarquées, les erreurs qu'il a constatées, les recettes ou consommations qui ne lui semblent pas justifiées conformément aux règles prescrites, et il remet ledit rapport, avec toutes les pièces de la comptabilité, à la commission chargée de l'apurement définitif des comptes du bâtiment. (*Instruction du 15 janvier 1846.*)

Apurement de la comptabilité du bord.

La vérification de la comptabilité, opérée au désarmement, comme nous l'avons vu, par le commissaire aux armements, sous le rapport de la solde et de l'habillement, par le commissaire aux subsistances, sous le rapport des vivres, et par le commissaire aux travaux, sous le rapport du matériel en service, ne suffit pas cependant pour dégager la responsabilité du conseil d'administration et pour établir la libération des comptables. Cette vérification n'est, en effet, que préliminaire, son but étant surtout de faciliter le travail et d'éclairer l'opinion des deux commissions chargées, l'une, des comptes *solde et habillement*, l'autre, des comptes *vivres et matériel.*

La première, composée de trois membres dont fait partie le commissaire aux armements, est désignée par le Préfet maritime. La seconde est composée d'un capitaine de vaisseau, d'un ingénieur de la marine, du commissaire aux travaux, du commissaire aux subsistances, et d'un chef de bataillon d'artillerie.

Ces commissions, néanmoins, ne statuent pas en dernier ressort sur les cas de responsabilité ; elles se bornent à émettre leur opinion relativement à la régularité de la gestion des comptables, dans un rapport qui est soumis au conseil d'administration du port. Celui-ci délibère à son tour sur toutes les propositions émises par les commissions d'apurement des comptes, concernant la part de responsabilité qui incombe à chacun des comptables, relativement aux pertes, déficits, consommations irrégulières, etc. Le résultat de cette délibération fait ensuite l'objet d'un rapport détaillé, signé de tous les membres du conseil, qui est envoyé au Ministre de la marine, conjointement avec les rapports des commissions d'apurement, du commissaire aux travaux, du commissaire aux armements, et enfin avec tous les documents propres à éclairer le jugement du Ministre.

Le Ministre, sur le vu de ces documents, statue sur tous les cas de responsabilité. Il prononce, s'il y a lieu, la libération des comptables, et décide si l'officier d'administration a droit à la gratification allouée pour bonne gestion.

Des dépenses en pays étrangers,

Les dépenses que les bâtiments de la flotte sont appelés à faire en pays étrangers, quelle que soit d'ailleurs leur nature, sont acquittées au moyen de traites tirées par les conseils d'administration sur le caissier central du Trésor.

Antérieurement à l'ordonnance du 13 mai 1838 sur le service des traites, ces sortes de dépenses n'étaient pas l'objet d'un compte spécial et distinct. Acquittées par le Trésor sur le simple vu de la traite ordonnancée par le Ministre, elles prenaient place dans les comptes généraux, à côté des autres dépenses de l'exercice. Or, on ne réunit pas les documents relatifs aux dépenses faites à l'extérieur avec la même facilité que celles relatives aux dépenses effectuées à l'intérieur. Il en résultait donc de nombreuses lacunes dans la série des pièces justificatives à joindre à l'appui des comptes, et l'impossibilité d'en établir par suite la régularité, dans les délais ordinaires.

Pour remédier à cet état de choses et ne point subordonner à l'avenir l'apurement définitif des dépenses communes, à la rentrée des pièces justificatives de celles acquittées au moyen de traites, l'ordonnance du 15 mai 1838 a voulu que ces dernières fussent, comme nous l'avons déjà dit, l'objet d'une comptabilité particulière et distincte, confiée à un agent spécial. Cet agent, constitué comptable des traites dont il aurait fait emploi dans ses écritures, dut centraliser entre ses mains toutes les pièces justificatives dont l'émission de ces valeurs doit être accompagnée, et fut chargé d'en accélérer la rentrée.

Depuis l'ordonnance du 15 mai 1838, est intervenue celle du 7 novembre 1845, qui a ajouté aux moyens de régularisation et de justification déjà existants, en restreignant toutefois aux seuls conseils d'administration la faculté étendue jusque-là aux consuls et aux trésoriers coloniaux, d'émettre des traites pour acquitter les dépenses des bâtiments de l'État. Quant au mode de procéder, rien n'a été changé par cette nouvelle ordonnance, à ce qui avait été établi précédemment. C'est donc l'ordonnance du 15 mai 1838, modifiée par celle du 7 novembre 1845, dont nous allons étudier les principales dispositions.

Les achats en pays étrangers ne sont effectués que dans les cas de nécessité absolue, et les commandants qui les ont ordonnés en sont personnellement responsables et tenus d'en justifier.

Ces achats ont lieu, savoir : au moyen de marchés passés avec concurrence et publicité ou de gré à gré, ou sur simple facture. Le commandant détermine, suivant le cas, les formes dans lesquelles devront être passés ces marchés. La rédaction du cahier des charges est confiée à l'officier d'administration , qui , pour l'établissement des clauses et conditions du marché , doit prendre les ordres du commandant.

Autant que les circonstances et la nature des lieux le permettent, la passation de ces marchés a lieu dans les formes et suivant les règles que nous avons indiquées dans le chapitre deuxième. Ainsi , il est donné avis de l'adjudication par tous les moyens ordinaires de publicité, et, autant que possible, cet avis doit indiquer les principales conditions de l'adjudication. Les soumissions sont déposées cachetées au consulat de France, ouvertes et lues en séance publique, et la fourniture est adjugée au soumissionnaire dont les offres paraissent les plus avantageuses.

La commission chargée de procéder à cette adjudication doit se composer de l'officier en second du bâtiment , de l'officier chargé du détail auquel se rapportent les objets à acheter, et de l'officier d'administration. Cette commission opère avec le concours du maître compétent.

Règles relatives à l'émission des traites.

Après l'examen des objets livrés en exécution du marché, par une commission composée de la même manière que ci-dessus , et lorsque cette commission a constaté par un procès-verbal leurs quantités et leur qualité, l'officier d'administration, conjointement avec le commandant et l'officier en second, émet les traites destinées au paiement des livraisons effectuées.

Dans une division ou escadre, les traites sont confectionnées par le commissaire de l'escadre ou de la division, et revêtues de l'approbation du commandant en chef. Elles sont tirées, dans tous les cas, au compte de l'agent comptable des traites de la marine, et sont payables à un mois de vue après leur acceptation par le Ministre.

Lorsque la dépense doit être répartie entre plusieurs chapitres du budget, il n'est pas nécessaire d'émettre autant de traites qu'il y a de chapitres intéressés, et la dépense totale peut ne faire que l'objet d'une seule traite ; mais on a soin d'indiquer en marge le chiffre des sommes partielles, et les chapitres sur lesquels elles doivent être imputées. La somme totale formant le montant de la traite, doit toujours être inscrite en toutes lettres de la main du commandant, au-dessous de son visa approbatif.

Dès qu'une traite a été émise, il en est donné avis au Ministre de la marine, par la plus prompte occasion ; les avis d'émission, détachés des traites elles-mêmes et signés des tireurs, doivent mentionner en toutes lettres le montant de la somme comprise dans la traite, et sa répartition entre les différents chapitres du budget.

L'agent-comptable des traites de la marine, après leur acceptation par le Ministre, les revêt de son *vu bon à payer*, et les transmet au caissier central du Trésor, qui en effectue le paiement et les renvoie, acquittées par la partie prenante, à l'agent-comptable, afin que celui-ci en fasse emploi dans ses comptes. Les tireurs sont responsables, jusqu'à la production des pièces justificatives régulières, des fonds provenant de l'émission de ces valeurs, et l'agent-comptable ne prend charge dans ses écritures du montant des traites émises, qu'au fur et à mesure de la rentrée de ces pièces.

Les traites tirées pour le service des bâtiments de l'État, le sont seulement pour le montant net des dépenses, attendu que ces effets ne doivent subir aucune réduction dans leur paiement ; mais lorsque la Caisse des Invalides doit prélever sa part sur les dépenses ainsi effectuées, les états de liquidation à joindre à l'appui des traites sont arrêtés au montant effectif de la dépense, augmentée des trois pour cent revenant aux Invalides.

Ainsi, s'agit-il de la solde, par exemple? Les états de paiement seront arrêtés à une somme égale au montant net de la traite, augmentée d'une autre somme égale aux trois pour cent de la dépense, et c'est cette dernière somme que le Ministre fera verser à la Caisse des Invalides, après s'être assuré qu'elle résulte, en effet, de la comparaison de la somme nette représentée par la traite, avec la somme brute portée sur l'état de paiement.

Toutes les dépenses du matériel sont aujourd'hui susceptibles de la retenue du trois pour cent; il en est de même de celles relatives à des achats de tabac, savon, etc. En conséquence, lorsque les paiements s'effectuent en traites, celles-ci sont, comme toujours, arrêtées au montant effectif de la dépense, mais les états justificatifs doivent faire ressortir l'augmentation qui résulte, sur le prix d'achat des matières, de la part attribuée à la Caisse des Invalides.

Enfin, il faut avoir soin, lors des délivrances de savon et de tabac, d'apostiller les marins sur le rôle d'équipage, non pas pour la valeur effective des fournitures de ce genre qui leur ont été faites, mais pour cette valeur augmentée de trois pour cent.

Pièces justificatives à joindre aux avis d'émission.

Les avis d'émission de traites tirées pour le service des bâtiments de l'État doivent, autant que possible, être accompagnées des pièces justificatives des dépenses, consistant en états de liquidation, expéditions des marchés ou conventions, mémoires, factures, etc. Une remarque à faire ici, c'est que les sommes imputables sur des chapitres différents du budget, bien que comprises dans la même traite, doivent cependant faire l'objet d'états de liquidation distincts, dressés par chapitres et sections de chapitres, suivant la nomenclature générale des dépenses du département de la marine.

Classification des dépenses à effectuer en pays étrangers.

Le nombre des chapitres et leur classification dans le budget de la marine n'est pas une chose fixe et stable; il est donc impossible de tracer des règles précises d'après lesquelles telles ou telles dépenses sont imputables sur tels ou tels chapitres du budget, et les officiers d'administration des bâtiments doivent se guider, à cet égard, sur la nomenclature adoptée dans le budget du dernier exercice. Cependant, les dépenses à faire en pays étrangers peuvent se classer sous les cinq titres suivants, savoir :

1° *Solde et habillement des équipages* : comprenant les achats d'effets et les paiements effectués, à titre d'à-compte de solde aux officiers, officiers-mariniers et marins, ainsi qu'aux corps entretenus employés sur les bâtiments armés, et à titre d'à-compte de traitement de table aux états-majors desdits bâtiments.

2° *Hôpitaux* : comprenant les dépenses effectuées pour achats de médicaments, drogues, rafraîchissements et autres objets relatifs au service de l'hôpital du bord, ainsi que celles occasionnées par le séjour des malades dans les hôpitaux en pays étrangers.

3° *Vivres* : comprenant les dépenses pour achats de vivres, denrées, ustensiles de cambuse, etc.

4° *Approvisionnements généraux de la flotte* : comprenant toutes les dépenses effectuées en vertu de marchés, et relatives à des achats de matières, bois, cordages, métaux, ustensiles, outils et machines nécessaires à la navigation.

5° *Salaires et frais divers* : tels que frais de pilotage, de charroi, affrètements et loyers de bateaux, façons d'ouvrages à prix fait, frais de subsistance, de rapatriement des marins naufragés, frais de capture, de sauvetage, en un mot, toutes les dépenses faites à prix débattu et en vertu de conventions verbales.

Chacun de ces titres correspondant à un chapitre du budget, la classification des dépenses sur les états de liquidation n'offrira donc aucune difficulté. Voici, au reste, en quoi doivent consister, suivant la nature des dépenses, les pièces justificatives à joindre à l'appui des traites émises.

S'il s'agit de paiements d'à-compte de solde ou de traitement de table, à l'avis d'émission seront joints les états nominatifs portant décompte, émargés de la quittance individuelle des parties prenantes. (Pour les paiements d'à-compte de solde aux marins de l'équipage, ces états sont quittancés par le conseil d'administration du bord, chargé de recevoir et de distribuer les fonds.)

Si les dépenses ont été occasionnées par l'admission de malades dans les hôpitaux étrangers, elles sont justifiées par des états indiquant les noms et grades des malades traités à terre, la durée de leur séjour dans les hôpitaux, ainsi que le prix de la journée d'hôpital, et par les récépissés ou quittances des économes ou directeurs de ces établissements.

Quant aux achats de médicaments et d'objets de matériel, dits d'approvisionnement, la justification des dépenses s'établit au moyen d'expéditions des marchés et d'états détaillés des objets composant les livraisons.

A l'égard des salaires d'ouvriers, menus achats et frais divers énumérés ci-dessus, les pièces devant accompagner l'émission des traites consistent en états établissant régulièrement le service fait ou les livraisons effectuées, et en factures, mémoires, etc., dûment acquittés.

Dans tous les cas, les états de liquidation à joindre à l'appui des traites devront être, comme nous l'avons déjà expliqué, arrêtés au montant brut de la dépense; ils mentionneront le numéro de la traite, et seront en outre revêtus de la signature du bailleur de fonds, qui certifiera avoir reçu ladite traite.

Enfin, la déclaration de prise en charge de l'un des comptables du bord devra se trouver au bas de chacun de ces états, quelle que soit d'ailleurs la nature des achats auxquels ils se rapportent.

Paiements effectués aux équipages, en monnaies étrangères.

En pays étrangers, on a recours, pour effectuer le paiement de la solde et accessoires de solde dus aux équipages, à des bailleurs de fonds qui s'engagent à fournir les sommes nécessaires, soit en monnaies du pays, soit en monnaies étrangères, moyennant un certain change. Ces sortes de fournitures sont, comme toutes les autres, l'objet de marchés passés avec concurrence et publicité; elles sont adjugées au soumissionnaire qui offre le change qui se rapproche le plus du change au pair, c'est-à-dire le plus avantageux.

Lorsque les paiements sont effectués en monnaies étrangères, les équipages reçoivent ces monnaies pour leur valeur intrinsèque, quel que soit le change qu'ait pris le fournisseur, qu'il soit inférieur ou supérieur au change au pair; en conséquence, excepté le cas où les monnaies ont été fournies au pair, il résulte pour le Trésor une perte à sa charge, ou un bénéfice à son profit, qui doit être constaté sur un état particulier signé des membres du conseil d'administration du bâtiment.

... ..: ... présenter la quotité des monnaies étrangères
employées et le montant des paiements effectués, calculés, d'une
part, d'après la valeur intrinsèque des monnaies ou le change au
pair, et de l'autre, d'après le change demandé par l'adjudicataire du marché; la différence entre ces deux derniers termes
constituera la perte ou le bénéfice dont nous venons de parler.

Dans le cas où les monnaies étrangères distribuées en paiement à l'équipage n'auraient pas été l'objet d'un marché spécial, mais auraient été simplement fournies par un bailleur de
fonds quelconque au cours de la place, on devrait joindre, à
l'appui des états dont il a été question plus haut, des certificats
authentiques constatant le cours du change à l'époque de la livraison des fonds. Ce certificat serait revêtu de la signature du
conseil et de celles de deux négociants notables.

Conseils d'avancement.

Les officiers de marine ne sont pas seulement appelés à faire
partie des conseils d'administration et à prendre part, en cette
qualité, à toutes les opérations administratives concernant les
équipages embarqués; ils peuvent encore être investis, relativement à l'avancement des marins sous leurs ordres, de fonctions importantes. Ce sont eux, en effet, qui, réunis en conseil
spécial, proposent au Ministre tous les officiers-mariniers qu'ils
croient dignes d'avancement en grade, et qui décident, en se
conformant toutefois aux règles établies, de tous les avancements
en grade et en classe à donner aux autres marins. Nous ne pouvons donc mieux compléter l'esquisse que nous avons tracée du
régime des équipages embarqués, qu'en donnant un aperçu général de la composition et du mode de procéder des conseils
d'avancement.

Les conseils d'avancement sont convoqués et présidés, à bord de tous les bâtiments de l'État, par le commandant; ils sont toujours composés d'un nombre pair de personnes, afin de donner la prépondérance à l'avis du président, en cas de partage des voix.

L'officier en second fait toujours partie du conseil, et les autres membres sont pris parmi les chefs de quart, à moins qu'ils ne soient pas en nombre suffisant pour composer le conseil comme il va être dit, auquel cas on le compléterait en y faisant entrer l'officier le plus ancien non chef de quart.

Le nombre des membres du conseil d'avancement est fixé à huit pour les vaisseaux et frégates de premier rang, à six pour les frégates de deuxième et de troisième rang et les corvettes, et à quatre pour les bâtiments de rang inférieur.

L'officier d'administration du bâtiment remplit toujours les fonctions de secrétaire; il a voix représentative pour tout ce qui est relatif à la durée du service et au nombre des avancements à donner; ses observations, s'il y a lieu, doivent être consignées sur le procès-verbal.

Les aspirants de première classe et les maîtres n'entrent point dans la composition du conseil d'avancement; ils peuvent, néanmoins, être appelés dans son sein pour y être consultés sur le mérite des marins proposés pour l'avancement.

Les avancements n'ont lieu, à bord des bâtiments de l'État, que le 1er janvier de chaque année et à la fin des campagnes, à moins qu'il ne s'agisse d'avancements extraordinaires à accorder pour actions d'éclat ou services signalés. Dans ce dernier cas seulement, ils peuvent avoir lieu à une époque quelconque de l'année.

Aux termes de l'ordonnance du 11 octobre 1836, les avancements que les conseils étaient autorisés à accorder, étaient définitifs jusqu'au grade de second-maître inclusivement; mais depuis les modifications apportées aux articles 243 et 245 de l'ordonnance précitée, par le décret du 31 août 1849, il n'en est plus ainsi : les seconds-maîtres, comme les maîtres et les premiers-maîtres, sont nommés aujourd'hui au choix du Ministre lui-même, et les conseils doivent se borner, en ce qui concerne les individus susceptibles d'obtenir ces grades, à dresser des états de proposition qui sont envoyés aux Préfets maritimes.

Le nombre des avancements à accorder au 1er janvier est réglé par le tableau annexé au décret du 31 août 1849, et en cas d'armement ou de désarmement dans le cours de l'année, ce nombre est donné en fractionnant les chiffres dudit tableau proportionnellement au temps écoulé depuis l'armement ou depuis le 1er janvier, pourvu que ce temps soit au moins de trois mois. S'il ne se trouvait pas dans l'équipage un nombre d'hommes, ayant rempli les conditions pour passer au grade de quartier-maître, suffisant pour opérer la totalité des avancements en grade concédés par le décret, il serait loisible au conseil d'y suppléer par un nombre égal d'avancements en classe, et alors il en serait fait mention au procès-verbal.

Les avancements au grade de quartier-maître et les avancements en classe dans tous les autres grades, ceux de capitaine d'armes de quatrième et de troisième classe exceptés, sont immédiatement inscrits sur le rôle d'équipage et les livrets des hommes, attendu qu'à cet égard, la décision du conseil ne peut être annulée que dans le cas où les avancements auraient eu lieu contrairement aux prescriptions des réglements relatives, soit à la durée du service exigé des hommes, soit au nombre des avancements à accorder suivant l'effectif du bâtiment. En conséquence, les conseils ne doivent compte de leurs opérations que sous ce double rapport, et ils ne sont responsables que des paiements qui auraient été effectués par suite d'avancements irréguliers pour une des causes citées plus haut.

Le commissaire aux armements est chargé de vérifier la régularité des avancements accordés ; à cet effet, les procès-verbaux y relatifs lui sont envoyés sans délai, en double expédition et par des voies différentes. Quant aux dispositions à prendre à l'égard des conseils qui ne se seraient pas conformés aux prescriptions des réglements, il en est référé au Commissaire général et au Préfet maritime, qui rend sa décision après avoir pris les ordres du Ministre.

Les avancements extraordinaires accordés pour actions d'éclat authentiquement constatées, ne sont pas soumis, quant à leur nombre, aux conditions exigées pour les avancements ordinaires, et ne comptent point parmi les avancements généraux ; mais, dans aucun cas, ils ne peuvent avoir lieu que d'une classe à la classe supérieure, ou de la première classe du grade à la classe inférieure du grade supérieur. Ces avancements doivent être, sans délai, soumis à l'approbation du Ministre, par l'intermédiaire du Préfet maritime, et en cas d'approbation, ils ont leur effet à partir du jour de la proposition.

Lorsque, pendant le cours de la campagne, un emploi de quartier-maître ou de second-maître vient à vaquer, le commandant est autorisé à y pourvoir provisoirement. Il doit choisir, pour occuper les emplois vacants dans l'un ou l'autre de ces grades, ceux des marins du grade immédiatement inférieur, qui, ayant le temps de service exigé pour passer au grade supérieur, lui paraissent le plus aptes, par leur instruction et leur capacité, à remplir lesdits emplois.

En ce qui concerne les marins ayant occupé pendant plus de trois mois l'emploi de quartier-maître, l'ordonnance exige qu'ils soient définitivement investis de ce grade, à dater du jour où le conseil d'avancement s'assemblera, s'ils n'ont pas, à cette époque, été révoqués. Quant aux quartiers-maîtres qui auraient rempli pendant le même espace de temps les fonctions de second-maître, ils seront de droit portés sur le tableau de proposition à l'avancement qui sera adressé au Préfet maritime.

Décrets du 31 août 1849 et du 27 décembre 1851.

Le décret du 31 août 1849, qui a retiré aux conseils d'avancement la faculté de conférer le grade de second-maître, pour en investir exclusivement le Ministre, a été inspiré, disons-le, dans l'intérêt bien entendu du service de la flotte et des officiers mariniers eux-mêmes. Qu'arrivait-il, en effet, avant l'adoption de cette mesure ? Chaque bâtiment ayant droit annuellement, suivant l'importance de son effectif, à un nombre déterminé d'avancements, les conseils chargés d'en faire la répartition auraient cru souvent léser les hommes, que de ne pas en appeler le plus grand nombre possible à bénéficier des larges dispositions de l'ordonnance ; de sorte que, pour atteindre le chiffre des avancements qu'ils avaient la faculté d'accorder, ils se voyaient ordinairement amenés, à défaut de sujets vraiment capables et méritants, à y faire participer des hommes qui ne présentaient pas toujours toutes les garanties d'instruction et de capacité désirables. De là, un accroissement dans le nombre des sous-officiers, en dehors de toute proportion avec les besoins du service, et l'intrusion dans le grade de second-maître, d'une foule d'individus, bons serviteurs peut-être, mais le plus souvent sans commandement, sans dignité personnelle, et malheureusement impropres aux fonctions dont ils étaient revêtus. De là aussi l'impossibilité d'assurer à un si grand nombre de gradés, un emploi dans l'armée navale, ou une position sortable, alors qu'on les renvoyait dans leurs foyers.

En restituant au Ministre seul le droit de pourvoir aux emplois vacants dans les grades de second-maître, on a donc remédié aux principaux inconvénients que nous venons de signaler, sans affaiblir toutefois l'émulation et l'espoir d'une récompense chez les bons serviteurs, puisque, suivant le système actuel, le Ministre-doit nécessairement faire son choix parmi les individus qui auront été le plus de fois l'objet de propositions à l'avancement.

Cependant, par cela seul qu'en imposant des règles plus étroites à l'avancement au grade de second-maître, on faisait la part plus large au mérite dans les nominations, il devenait indispensable d'assurer d'une manière définitive, à la classe entière des sous-officiers, les avantages de leurs grades, dans toutes leurs positions d'absence ou de présence sous les drapeaux. Bientôt, en effet (27 décembre 1851), parut un décret qui instituait un cadre général de la maistrance, créait pour les officiers-mariniers deux positions distinctes, l'*activité*, et la *disponibilité*, et déterminait les garanties et les droits attachés à chacune de ces positions.

L'activité est la position du sous-officier employé sur les bâtiments armés ou en commission de port, et dans les divisions des équipages de ligne.

La disponibilité est la position des officiers-mariniers sans emploi.

Dans cette position, ils sont admis, au fur et à mesure des vacances, dans les escouades de gabiers de port ou de gardiennage des vaisseaux, et sont rappelés au service suivant un tour de rôle.

Dans la position de disponibilité, les officiers-mariniers jouissent d'une solde, et conservent leurs droits à la pension de retraite du grade qu'ils ont acquis sur les bâtiments de la flotte. Ils sont tenus de rejoindre immédiatement le port qui leur est assigné, lorsque les circonstances exigent leur rappel au service.

Ils peuvent, avec l'autorisation du Préfet maritime, demandée par l'intermédiaire du commissaire de l'Inscription maritime, naviguer à la petite pêche et au petit cabotage, en conservant leur solde de disponibilité, et par conséquent le bénéfice de la continuation d'activité, quant aux droits à la pension de retraite. Ils peuvent être aussi autorisés à naviguer au grand cabotage et au long-cours; mais à compter du jour où, en vertu de cette permission, ils ont contracté un engagement avec un armateur, ils sont portés absents sur le contrôle des officiers-mariniers en disponibilité tenu dans chaque division des équipages de ligne, et cessent de jouir de la solde de disponibilité, ainsi que des avantages attachés à cette position.

Telles sont les principales dispositions de ces décrets; les importantes améliorations qu'elles ont introduites dans la condition des officiers-mariniers n'ont pas besoin d'être démontrées; dorénavant, le grade du sous-officier lui assurera une position sortable, qu'il ne pourra plus perdre que par une décision du Ministre (*Dépêche du 18 février* 1853) et non, comme cela avait malheureusement lieu autrefois, par le fait seul de sa libération du service; en outre, grâce à ces nouvelles mesures, le Ministre aura toujours sous la main, prête à répondre au premier appel, cette classe si intéressante, qui compte dans ses rangs de si courageux et de si dignes serviteurs.

CHAPITRE V.

CAISSE DES INVALIDES DE LA MARINE.

Origine de l'institution. — Individus appelés à participer aux avantages de l'établissement. — Spécialité de l'établissement. — Régime de la Caisse. Services qui s'y rattachent. — Caisse des prises. — Opérations auxquelles donne lieu la capture d'un navire ennemi.—Répartition du produit des prises. Fonctions des Commissaires de l'inscription maritime à cet égard.— Caisse des gens de mer. — Versement, à la Caisse des gens de mer, des décomptes de solde et suppléments revenant aux équipages absents. — Durée du dépôt de ces sommes à la Caisse des gens de mer. — Transport des fonds privés par l'entremise de la Caisse des Invalides. — Dépôt à la Caisse des gens de mer, du produit des ventes de débris et de marchandises provenant de naufrages. — Devoirs de l'administration de la Marine en ce qui concerne le sauvetage, la vente et l'emmagasinage des marchandises et objets provenant de naufrages et échouements. — Caisse des Invalides. Sa destination spéciale. — Revenus de la Caisse. — Dépenses de la Caisse. — Demi-soldes et pensions. — Conditions à remplir pour avoir droit à la demi-solde. — Pensions et secours en faveur des femmes, enfants et ascendants des demi-soldiers décédés. — Cas dans lesquels les individus placés sous le régime de la loi de 1791, sont traités comme les entretenus de la Marine.— Etats de propositions à la demi-solde, dressés par le commissaire de l'inscription maritime.—Loi du 18 Avril 1831. Ses principales dispositions.

Origine de l'institution.

C'est encore au grand ministre de Louis XIV, à Colbert, que la marine est redevable de l'institution de la Caisse des Invalides.

Déjà, sous l'inspiration de la plus généreuse, de la plus patriotique pensée, s'élevait l'Hôtel royal des Invalides, destiné à recevoir les vieux débris de nos armées : appelés à prodiguer comme nos soldats leur sang au service de la patrie, associés à leurs fatigues, à leurs périls et à leur gloire, nos marins devaient être confondus avec eux dans la répartition des récompenses, comme ils l'étaient déjà dans la reconnaissance nationale.

Ce fut donc pour assurer à notre armée navale des avantages analogues à ceux résultant pour l'armée de terre de la fondation de l'Hôtel des Invalides, que, par un règlement du 23 décembre 1673, le Roi ordonna la construction de deux hôpitaux, l'un à Rochefort, l'autre à Toulon, destinés à recevoir les invalides de la marine, et prescrivit, afin de subvenir à la construction et à l'entretien de ces établissements, une retenue de 6 deniers par livre sur la solde de tous les officiers et marins en activité de service.

Telle est l'origine de la retenue qui, modifiée depuis, quant au chiffre et à son emploi immédiat, mais non quant à son but, le soulagement de la population maritime, n'a pas cessé d'être exercée sur le traitement de tous les salariés de la marine.

Cependant, les établissements dont nous venons de parler ne furent jamais fondés, ou du moins, les hôpitaux qui s'élevèrent dans la suite à Toulon et à Rochefort, construits avec des ressources autres que celles créées par l'ordonnance de 1673, ne reçurent pas la destination qu'elle leur assignait.

La pensée de traiter sur le même pied les invalides de la marine et ceux de la guerre était, en effet, difficilement réalisable. Il n'en est pas du marin comme du soldat : celui-ci, après avoir consacré au service de l'État les plus belles années de sa jeunesse, se fait souvent si bien à la vie de régiment, se façonne si complétement à toutes les exigences de l'état militaire, y contracte, en un mot, de telles habitudes, que, le jour de son congé arrivé, peu pressé de recouvrer une liberté dont il a perdu le souvenir, et qui, après tout, ne présente même pas toutes les garanties de bien-être que lui offre la caserne, il contracte avec l'État un nouvel engagement. Dès ce moment, il ne lui reste plus d'autre perspective dans l'avenir que celle de porter le mousquet tant que ses forces le lui permettront : le maniement du fusil devient son gagne-pain, le régiment sa famille, la caserne sa maison ; aussi, lorsque l'âge et les infirmités arrivent, ce que peut faire de mieux l'État dans l'intérêt de ce vieux serviteur sans asile et sans famille, c'est de le recueillir dans un établissement spécial, où, par sa sollicitude, il soit pourvu à tous ses besoins.

Le marin, au contraire, par cela seul qu'il continue au service de l'État une profession qui lui assurait du pain avant son admission dans l'armée de mer, conserve toujours au fond du cœur le désir et l'espoir d'exercer cette profession pour son propre compte ; aussi, hâte-t-il de tous ses vœux le moment où, libre de ses actions, il pourra s'engager au service d'un armateur. Le marin, d'ailleurs, quoique lié au service de l'État par un contrat que l'âge seul peut détruire, ne passe jamais qu'un petit nombre d'années à la fois sur les bâtiments de guerre ; il est donc, par cela seul, plus à même que le soldat de continuer ses relations de parenté, de se marier et d'élever à son tour une famille qui lui donnera asile dans ses vieux jours ; aussi, pour lui, une place dans un hôpital est-elle bien moins nécessaire qu'une pension. Elle est surtout bien moins préférable à ses yeux ; car, il faut le dire, l'amour de la liberté et de l'indépendance est profondément gravé au cœur du marin, soit que le spectacle des grandes scènes de la nature élève son âme et élargisse ses idées, soit que, condamné par état à une séquestration, pour ainsi dire, continuelle, ce sentiment résulte pour lui de la privation même de ces biens.

Une fois le projet de construction des deux hôpitaux de Toulon et de Rochefort abandonné, grâce à ces considérations, il fallut recourir à un autre mode de rémunération des services de l'armée de mer, et comme déjà, en attendant l'exécution de l'ordonnance de 1673, il avait été institué, en faveur des invalides de la marine, des pensions ou demi-soldes, ce mode de rémunération fut définitivement adopté, et la retenue prescrite par le règlement de 1673 dut continuer à être perçue pour servir à l'alimentation de la Caisse des pensions.

Cette caisse reçut une première organisation par suite du règlement du 6 octobre 1674 et de l'ordonnance de 1689 ; mais sa constitution définitive, ainsi que les bases de son administration et de sa comptabilité, ne furent nettement formulées que dans l'édit de 1720, dont les dispositions les plus importantes sont encore en vigueur aujourd'hui. ◼

Individus appelés à participer aux avantages de l'Établissement.

Dans le principe, les officiers et marins faisant partie de l'armée navale furent seuls appelés à jouir des avantages de l'institution de la Caisse des Invalides ; aussi, eurent-il seuls à subir la retenue dont il a été question plus haut ; mais, dès 1709, le bienfait d'un semblable établissement ayant été étendu aux officiers et employés civils, aux ouvriers et autres salariés de la marine, ainsi qu'aux marins du commerce, ces derniers durent contribuer, pour leur part, à l'alimentation de la Caisse, et leurs traitements et salaires furent soumis à la retenue des six deniers pour livre, retenue qui fut fixée plus tard (*Arrêté du 27 nivôse an* IX) à trois centimes par franc.

Spécialité de l'Établissement.

L'institution dont Colbert prit l'initiative et que ses successeurs développèrent sous le nom de Caisse des Invalides, était sans doute une bien faible compensation aux charges imposées

à la population maritime du royaume par suite de l'établissement du régime des classes ; cependant, c'était déjà beaucoup
pour l'époque qu'une institution qui assurait, au moins, du pain
à de vieux serviteurs brisés par l'âge et les infirmités. Aucune
loi n'avait, en effet, établi encore d'une manière certaine les
droits des serviteurs de l'État à une rémunération quelconque
de leurs services, et la nation ne s'étant pas encore formellement reconnue débitrice du sang versé pour elle, tout dépen-
dait pour eux de l'état des finances du royaume ou de la muni-
ficence royale.

C'était donc une grande et noble conception que celle qui
consistait à former de tous les membres de la grande famille
maritime une vaste association destinée à venir en aide à ses
aînés et à ses infirmes, au moyen d'une contribution modique
imposée à chacun, et c'était une œuvre digne des héritiers des
traditions de Colbert, que de soustraire aux caprices d'un sou-
verain et aux vicissitudes de la fortune de l'État la récompense
d'une vie toute de dévouement et d'épreuves.

Les dispositions de l'édit de 1720 étaient effectivement bien
propres à assurer ce résultat : les fonds de la Caisse devaient
être essentiellement distincts et séparés du Trésor public, de
telle sorte que, quels que fussent les embarras de ce dernier,
les pensions n'en continuassent pas moins à être intégralement
payées : le Ministre de la marine avait, en outre, la direction
exclusive de l'établissement, et à lui seul appartenait le maniement et l'administration des fonds de la Caisse.

Ainsi, administration propre, indépendance absolue à l'égard
du Trésor public, tels furent, dès l'origine, les principes
constitutifs de la Caisse des Invalides.

Aujourd'hui encore, ce sont les mêmes principes qui ré-
gissent l'établissement ; mais ce n'est pas sans que son existence
ait été souvent menacée, sans que son caractère spécial ait été
maintes fois méconnu.

Maintenue par la loi du 30 avril-13 mai **1791**, sur les bases de l'édit de **1720**, la Caisse des Invalides fut une première fois réunie à la trésorerie nationale, par un arrêté de la Convention, du **2** vendémiaire an II.

Reconstituée peu de temps après comme établissement spécial, elle fut, quelques années plus tard, rattachée de nouveau au Trésor public par un décret de l'Empereur (1er janvier **1811**), qui disposa de ses fonds, et se ménagea ainsi de nouvelles ressources pour soutenir sa lutte contre l'Europe coalisée.

Ce fut donc seulement sous la Restauration que la Caisse des Invalides recouvra tous les éléments de sa spécialité. Les ordonnances des **22** et **29** mai **1816** la rétablirent dans les attributions exclusives du Ministère de la marine et rendirent à leur antique destination les fonds qui en composaient la dotation spéciale; mais comme les sommes considérables précédemment versées par la Caisse au Trésor public, la mettaient hors d'état de satisfaire à ses nombreuses obligations, le gouvernement lui restitua pour plus de **100** millions en rentes cinq pour cent.

Depuis la reconstitution, en **1816**, de la Caisse des Invalides sur les principes de l'édit de **1720**, et de la loi du **30** avril-**13** mai **1791**, son régime n'a pas subi de modifications importantes, et l'ordonnance du **31** mai **1838** n'a fait que corroborer les dispositions de la législation antérieure, relative à la comptabilité de l'établissement.

Régime de la Caisse. — Services qui s'y rattachent.

Depuis les ordonnances des **22** et **29** mai **1816**, où se trouvent reproduites les principales dispositions des anciens réglements et nolamment celles de l'édit de **1720**, la législation de la Caisse des Invalides n'a subi, comme nous l'avons dit, que fort peu de modifications; seulement, les règles à suivre à l'égard de la comptabilité de cet établissement, ont été mises en rapport avec les dispositions de l'ordonnance organique du 31 mai 1838, et du règlement d'exécution du 31 octobre 1840.

Dans ce qui précède, nous avons essayé de donner une idée du but que s'étaient proposé les fondateurs de la Caisse des Invalides de la marine, et de l'esprit dans lequel cette institution avait été conçue; nous allons maintenant entrer dans les détails de l'organisation de l'établissement, et étudier les règles d'après lesquelles s'opère la répartition des fonds qui lui appartiennent.

La Caisse des Invalides, ainsi que nous avons déjà eu occasion de le dire, est placée sous la surveillance immédiate du Ministre de la marine, qui en a seul l'administration; elle est spécialement et exclusivement destinée à la rémunération des services des officiers, marins, ouvriers et autres entretenus de la marine, ainsi qu'au soulagement de leurs veuves et orphelins, et de leurs pères et mères.

A l'établissement des Invalides se rattachent deux services importants, savoir :

1° Le service de la Caisse des prises;

2° Le service de la Caisse des gens de mer.

Destinées à recueillir, l'une, le produit des prises en attendant leur répartition entre les capteurs, l'autre, les gages et salaires des marins absents ou morts, en attendant que l'établissement puisse les faire parvenir à leurs parents et autres ayant-droit, ces caisses devaient être naturellement classées comme annexes de celle des Invalides, tant à cause des relations que cette dernière entretient journellement avec la classe entière des marins, qu'à cause de la part qui lui est attribuée sur le produit des prises, et des droits qu'elle peut, dans certains cas, et après un laps de temps déterminé, faire valoir sur les sommes déposées à la Caisse des gens de mer.

Caisse des prises.

Une règle essentielle du droit maritime veut que toute prise faite, soit par un corsaire, soit par un navire de l'État, ne puisse être considérée comme valable et définitivement adjugée aux capteurs, qu'après un jugement rendu par des tribunaux institués à cet effet. Ce n'est donc qu'après le prononcé de ce jugement, qu'est opérée, par les soins de l'administration, la vente des marchandises ou des navires, et que la répartition du produit de cette vente peut être effectuée.

Or, il arrive souvent que, soit par suite de l'état de détérioration des cargaisons ou des navires, soit par suite de la nature même des marchandises, l'administration se trouve dans l'obligation, afin d'en prévenir le dépérissement, de procéder à leur vente en attendant le résultat de l'instruction et de la procédure auxquelles doit donner lieu la prise. De plus, lors même que la confiscation a été validée par jugement, il s'écoule nécessairement un laps de temps plus ou moins considérable, entre la vente et la liquidation ou la répartition des produits qu'elle a donnés ; il faut donc, en attendant le prononcé du jugement définitif, et la remise aux mains des ayant-droit des sommes provenant des ventes provisoires ou définitives, il faut, disons-nous, une caisse où ces sommes puissent être reçues en dépôt ; tel est aussi le but de la Caisse des prises, créée par arrêté du 18 thermidor an III.

Opérations auxquelles donne lieu la capture d'un navire ennemi.

La capture d'un navire ennemi, soit par un corsaire, soit par un bâtiment de l'État, donne donc lieu à trois opérations, savoir :

1° A un jugement sur la validité de la prise ;

2° A la vente de la cargaison et du navire ;

3° Enfin, à la liquidation et à la répartition du produit de ladite vente.

Le jugement qui déclare la prise valable et légale est rendu, comme nous l'avons dit plus haut, par un tribunal spécial. Ce tribunal était autrefois composé des officiers de l'amirauté ; plus tard, ils furent remplacés par une commission composée de conseillers d'état et de maîtres des requêtes, laquelle était présidée par l'Amiral de France ; enfin, sous la Convention, le jugement des prises fut déféré aux tribunaux de commerce.

Mais l'attribution d'une semblable juridiction à des tribunaux indépendants du pouvoir exécutif, et rendant leurs sentences sans égard aux exigences souvent si impérieuses de la politique extérieure, ne pouvait manquer d'avoir de graves inconvénients, notamment dans le cas où le gouvernement aurait intérêt à ménager les neutres, et à ne point les indisposer par une trop rigoureuse application des droits que l'état de guerre confère aux peuples belligérants.

En conséquence, par un nouvel arrêté du 6 germinal an VIII, les tribunaux de commerce furent définitivement dépouillés de de leurs attributions relatives à la connaissance des prises faites à la mer ; et leur juridiction à cet égard fut dévolue à une commission composée du commissaire général, de l'inspecteur et du commissaire de l'Inscription maritime, et en outre, à un conseil spécial établi à Paris et jugeant en dernier ressort. Enfin, depuis 1831, ce conseil a été lui-même remplacé par le comité du contentieux du Conseil d'État, et la commission chargée de suivre l'instruction et la procédure relatives aux prises, et de statuer en première instance sur leur validité, se compose aujourd'hui du commissaire général, de l'inspecteur en chef et du commissaire aux armements.

Nous n'avons point à nous occuper ici des règles applicables à l'instruction et à la procédure confiées à l'administration de la marine; ces règles sont tracées dans l'ordonnance du mois d'août 1681 et dans l'arrêté du 2 prairial an XI. Remarquons seulement en passant, que le but de l'instruction étant de recueillir tous les éléments propres à éclairer plus tard l'opinion des juges sur la validité de la prise, il est de la dernière importance que le capitaine capteur se saisisse de tous les papiers propres à constater la nationalité du navire, sa destination, l'origine de la cargaison, et enfin, dans le cas où la prise aurait été faite sur une puissance neutre, de toutes les pièces qui pourraient établir que le navire capturé a enfreint les lois de la neutralité. En outre, comme toute soustraction de marchandises ou d'objets de bord, ainsi que toute ouverture de coffres, ballots, etc., est expressément défendue, le capitaine capteur doit prendre toutes ses mesures pour prévenir la violation des prescriptions de la loi à cet égard, et il est tenu de rapporter les connaissements, expéditions, chartes-parties, etc., pour les remettre, avec son rapport, au commissaire aux armements. Toutes ces pièces doivent être placées dans un sac, en présence du capitaine capturé, qui est interpellé de le sceller de son cachet. La raison de cette formalité est facile à comprendre : la saisie n'étant en effet que provisoire, et le jugement à intervenir pouvant prononcer la restitution du navire avec sa cargaison, il faut que le capitaine dont le navire serait ainsi relâché, ne puisse, sous prétexte qu'il ne reconnaîtrait pas comme siens les papiers de bord, qu'on lui rendrait, prétendre qu'on a soustrait une partie de ses marchandises ou de sa cargaison.

Après la vente du navire et des marchandises, vente qui, dans tous les cas, est confiée aux soins de l'officier d'administration chargé de l'instruction, soit que la prise ait été faite par des corsaires, soit qu'elle ait été effectuée par des bâtiments de l'État, il est procédé à la liquidation des produits qu'elle a donnés, puis à leur répartition entre les ayant-droit. Toutefois, l'administration de la marine n'intervient, dans cette dernière opération, qu'à l'égard des prises des bâtiments de l'État; quant à celles faites par les navires des particuliers, le règlement des comptes et des intérêts privés relatifs aux opérations de la croisière, rentre dans les attributions des tribunaux de commerce.

Répartition du produit des prises. Fonctions du commissaire de l'inscription maritime à cet égard.

S'il s'agit de prises faites par des corsaires, leur produit doit être réparti entre les armateurs et les équipages, déduction faite de la part revenant à la Caisse des Invalides.

L'ordonnance de **1816** attribue à cette caisse le cinq pour cent du produit net des prises; il faut donc, avant toutes choses, commencer par prélever les frais de la croisière et rembourser l'armateur de toutes ses dépenses de construction, d'armement, désarmement, etc.

Sur les prises faites par les bâtiments de l'État, il revient à la Caisse des Invalides deux et demi pour cent du produit brut des prises quelconques faites sur l'ennemi, plus un demi pour cent du même produit en faveur des caissiers, et, indépendamment de ces deux retenues, le tiers du produit net des corsaires, bâtiments et cargaisons pris sur le commerce ennemi.

La répartition du produit des prises a été réglée par les arrêtés des 9 ventôse an IX et 2 prairial an XI. Cette répartition est effectuée par les conseils d'administration des ports, lorsque les prises ont été faites par des bâtiments de l'État, et dans le cas contraire, par une commission composée du capitaine et des six plus anciens officiers du bâtiment capteur.

Le produit des prises et les gratifications revenant, soit à des armées navales, escadres ou divisions, soit à un vaisseau ou autre bâtiment de l'État, ayant une destination particulière, sont répartis de la manière suivante, savoir :

Un tiers entre les officiers-généraux, les commandants des vaisseaux, frégates et autres bâtiments, et les officiers et autres personnes composant les états-majors ;

Et les deux tiers restants entre les équipages.

Le produit net des prises faites par les corsaires et autres bâtiments du commerce, est partagé comme il suit : les deux tiers reviennent aux armateurs et l'autre tiers à l'équipage, déduction faite des cinq pour cent à verser à la Caisse des Invalides.

Le conseil chargé de procéder à cette répartition, opère en présence des juges du tribunal de commerce et du commissaire de l'Inscription maritime, après avoir prêté serment, entre les mains de ces juges, de ne régler sa décision que sur le mérite et le travail de chacun.

L'arrêté du 2 prairial an xi détermine le nombre de parts qui peuvent être accordées à chacun suivant son grade ; il prescrit en outre de prélever, sur le produit des prises, une somme destinée aux officiers et autres gens de l'équipage qui auraient été blessés ou estropiés dans les combats, ainsi qu'aux veuves et enfants de ceux qui auraient été tués ou qui seraient morts de leurs blessures. Ces sommes doivent être payées en sus des parts de prises revenant aux individus, pourvu que ces gratifications n'excèdent pas le double de la valeur desdites parts.

Nous avons vu plus haut que les sommes provenant des ventes provisoires ou définitives des prises maritimes, étaient, en attendant le résultat des opérations confiées à l'administration de la marine ou aux tribunaux de commerce, déposées dans la Caisse des prises. Ces dépôts s'opèrent, au fur et à mesure des ventes, sur des mandats du commissaire de l'Inscription maritime, accompagnés d'une expédition des procès-verbaux de vente. Cette règle, au reste, est générale, et soit qu'il s'agisse de fonds à verser à l'une des caisses de l'établissement des Invalides, soit que ces dernières aient au contraire des paiement à effectuer, il faut toujours un mandat du commissaire de l'Inscription maritime pour valider ces opérations.

Ce fonctionnaire exerce donc sur la gestion des trésoriers des Invalides un contrôle d'autant plus efficace, que rien ne pouvant entrer dans les caisses de ces derniers, ni en sortir sans son ordre, il est toujours à même de vérifier la régularité des recettes et des dépenses effectuées par ces comptables, non-seulement sur leurs registres, mais encore d'après ses propres écritures.

Après que l'état de répartition du produit des prises a été établi, soit par le commissaire aux armements, soit par la commission dont nous avons parlé, le commissaire de l'Inscription en reçoit communication, et dresse les mandats d'imputation sur les sommes déposées à la Caisse des prises pour servir aux paiements, 1° des frais de vente ; 2° des sommes revenant aux capteurs. Ces mandats sont accompagnés en outre de l'ordre de versement dans la Caisse des Invalides du montant des droits de ladite caisse.

Caisse des gens de mer.

La Caisse des gens de mer est destinée à recevoir en dépôt les sommes que les marins délèguent à leurs familles pendant qu'ils sont sur les bâtiments de l'État, les soldes, salaires et gratifications qui leur reviennent, ainsi que leurs modiques successions lorsqu'ils meurent en cours de campagne. Cette caisse se charge ensuite de faire parvenir ces sommes, soit à eux, soit à leurs familles, sans frais ni déplacement de leur part.

L'origine de la Caisse des gens de mer remonte à l'ordonnance du 7 août 1675, qui créa les *mois de famille* ou délégations consenties par les marins en faveur de leurs femmes, enfants ou ascendants, et chargea l'établissement des Invalides d'en effectuer gratuitement la remise aux ayant-droit. Toutefois, cette caisse ne fut définitivement organisée que par le règlement du 1er juin 1782, qui lui donna le nom de *Caisse des matelots*.

Versement, à la Caisse des gens de mer, des décomptes de solde et suppléments revenant aux marins absents.

Les décomptes de solde, suppléments, gratifications, etc., revenant aux équipages absents, ainsi que le montant des délégations, sont établis, comme nous l'avons déjà expliqué, par le commissaire aux armements, et ces sommes sont versées à la Caisse des gens de mer, sur mandats du commissaire de l'Inscription maritime; il en est de même du produit des ventes de hardes et d'effets appartenant aux marins morts à bord des bâtiments de l'État. A ces mandats de recette sont joints des états de remise dressés par le commissaire aux armements, et le trésorier des Invalides effectue la recette des fonds, et en opère la distribution, conformément aux indications de ces pièces. Lorsque les sommes versées entre les mains du trésorier du chef-lieu de l'arrondissement ou du sous-arrondissement, doivent être réparties entre des individus de différents quartiers, cette répartition a lieu sur états de contre-remise, qui sont envoyés aux commissaires de l'Inscription maritime compétents, lesquels délivrent à leur tour aux trésoriers placés dans leur dépendance, les mandats et les extraits de remise nécessaires à cette distribution.

Durée du dépôt de ces sommes à la Caisse des gens de mer.

La durée du dépôt, à la Caisse des gens de mer, des sommes dues aux marins, est de deux ans à partir de l'encaissement de ces sommes ; après ce laps de temps , elles sont reversées à la Caisse des Invalides, en attendant le retour ou les réclamations des ayant-droit , de sorte que les fonds déposés dans la Caisse des gens de mer , en sortent de trois manières différentes , savoir :

1° Par les paiements faits manuellement aux parties intéressées ;

2° Par les remises faites aux autres ports ;

3° Par les versements effectués à la Caisse des Invalides.

Transport des fonds privés par l'entremise de la Caisse.

Le service des *gens de mer* transmet , avons-nous dit , aux marins et à leurs familles, sans frais et sans déplacement de leur part , toutes les sommes qui leur sont dues. Autrefois, il effectuait également sans frais pour les marins , le transport dans tous les quartiers du littoral des fonds expédiés par eux , quelle que fut leur destination. Ces déplacements de fonds s'effectuent encore aujourd'hui par l'entremise de la Caisse des Invalides, mais elle prélève à son profit, depuis l'ordonnance du 9 octobre 1837, une rétribution de un pour cent sur les sommes dont elle opère le transport.

Dépôt , à la Caisse des gens de mer , du produit des ventes de débris et marchandises provenant de naufrages.

Outre les décomptes de solde , suppléments , indemnités et autres sommes dont l'énumération a été faite plus haut, la Caisse des gens de mer reçoit encore en dépôt le produit de la vente des débris et marchandises provenant de naufrages, échouements et épaves, qu'ils appartiennent à des nationaux ou à des étrangers. La durée de ce dépôt est d'un an et un jour; passé ce délai, les fonds sont versés à la Caisse des Invalides, si les propriétaires ne se sont pas présentés dans l'intervalle; néanmoins, ces derniers sont toujours admis à faire valoir leurs droits, à l'effet d'obtenir de la Caisse des Invalides le remboursement des sommes provenant de la vente de ces objets.

Devoirs de l'administration de la marine, en ce qui concerne le sauvetage, l'emmagasinage et la vente des débris et marchandises provenant de naufrage.

La vente des marchandises et autres objets provenant de débris, naufrages ou échouements, ne doit être opérée par les soins de l'administration de la marine, que dans le cas où ils courraient le risque de se gâter ou de se détériorer en magasin; car s'il en était autrement, ces marchandises devraient être déposées en lieu de sûreté, en attendant la réclamation des propriétaires, et la vente n'aurait lieu qu'après un délai d'un an et un jour.

L'administration de la marine n'est, au reste, hâtons-nous de le dire, chargée du sauvetage, de l'emmagasinage et de la vente des débris provenant de naufrages ou échouements, qu'en l'absence des propriétaires ou de leurs fondés de pouvoirs, et ce ne peut être aussi qu'à défaut de leurs réclamations ou de la présentation de leurs titres, qu'est déposée à la Caisse des gens de mer le produit de ces ventes.

L'ordonnance de 1681 avait confié la direction des opérations du sauvetage aux officiers de l'amirauté; sous la République, ces attributions passèrent aux juges de paix, et en leur absence, aux officiers municipaux; enfin, l'arrêté du 17 floréal an ix disposa qu'à l'avenir le commissaire de l'Inscription maritime, et en attendant son arrivée sur les lieux, le syndic des gens de mer, serait seul investi du droit de donner tous les ordres et de prendre toutes les mesures propres à assurer le sauvetage et à prévenir le pillage. C'est donc ce fonctionnaire qui désigne et choisit les travailleurs, préside au transport et à l'emmagasinage des objets sauvés, en dresse l'inventaire, procède, s'il y a lieu, à la vente des marchandises et des objets, et effectue le paiement des salaires dus aux travailleurs, des gages de l'équipage et des autres frais de sauvetage.

Quand ces opérations sont terminées, il établit la liquidation du produit de la vente, y fait ressortir les dépenses de toute nature occasionnées par les opérations de sauvetage, et verse le surplus entre les mains du caissier des gens de mer.

Caisse des Invalides. — Sa destination spéciale.

La Caisse des prises et la Caisse des gens de mer, dont nous venons d'étudier le service et d'examiner la destination, quoique se rattachant à l'établissement des Invalides, ne concourent pas cependant directement et immédiatement au but essentiel et unique de l'institution, c'est-à-dire à la rémunération des services de nos marins et au soulagement de leurs familles. Ces caisses ne sont, à proprement parler, que des caisses de dépôt; les fonds qu'elles sont appelées à recevoir n'y devant séjourner qu'en l'absence des propriétaires ou à défaut de leurs réclamations, et devant, après un laps de temps déterminé, faire retour à la Caisse des Invalides.

Cette dernière, au contraire, a un tout autre caractère : elle centralise les versements qui lui sont effectués par les autres caisses, et ces sommes, jointes aux prestations dont elle jouit conformément aux règlements, et aux revenus de sa propre dotation, lui composent un fonds de ressources, les unes fixes, les autres éventuelles, dont elle a la libre disposition pour l'accomplissement de l'œuvre qui lui est particulièrement confiée; en un mot, la Caisse des Invalides seule perçoit, pour son propre compte, les sommes versées à l'établissement, et seule en fait application directe au soulagement de la population maritime.

Revenus de la Caisse.

Les revenus fixes de la Caisse des Invalides se composent de ses rentes sur le grand-livre, du placement de ses économies qui doivent être immédiatement capitalisées et placées au profit de l'établissement, des revenus de ses propriétés immobilières, etc.

Ses revenus éventuels se composent :

1° De la retenue de cinq pour cent sur les appointements du personnel des bureaux de l'administration centrale, et de la retenue du premier mois d'appointements des chefs et commis qui ne proviennent pas du service des ports et arsenaux.

Cette retenue, fixée d'abord à trois centimes par franc, a été portée à cinq centimes par ordonnance du 31 décembre 1833.

2° De la retenue de trois centimes par franc exercée, depuis l'arrêté du 27 nivôse an IX, sur la solde et les salaires de tout le personnel de la marine, et depuis la loi de finances du 8 juillet 1852, sur toutes les dépenses du matériel.

Les retenues sur le personnel en général sont exercées par les caissiers du Trésor eux-mêmes, sur tous les paiements qu'ils effectuent, et elles sont versées par eux, à la fin de chaque mois, entre les mains du trésorier des Invalides, sur des états détaillés accompagnés du mandat de recette délivré par le commissaire de l'Inscription maritime.

3° D'une retenue sur la marine marchande, fixée comme il suit:

Si les marins naviguent à salaires fixes, cette retenue est de trois centimes par franc, et s'ils naviguent à la part, à bord des bateaux de pêche ou de cabotage, elle est proportionnelle au grade des individus.

Autrefois cette retenue était établie proportionnellement au nombre des tonneaux du navire, pour la petite pêche, et proportionnellement au grade des marins, pour la grande; mais l'ordonnance du 9 octobre 1837 a changé tout cela : aujourd'hui on opère, comme nous venons de le dire, une retenue proportionnelle au grade des marins naviguant à la part à bord des bateaux de pêche ou de cabotage, et égale, pour ceux employés aux grandes pêches de la baleine et de la morue, aux trois pour cent de la portion attribuée à chaque homme de l'équipage dans les bénéfices de l'expédition. A cet effet, au retour du navire, les armateurs ou consignataires doivent remettre au bureau de l'Inscription maritime un compte sommaire des résultats de la campagne, certifié par eux et faisant connaître la part revenant à chaque homme de l'équipage.

Au reste, afin que la Caisse des Invalides ne puisse être frustrée de la part qui lui est attribuée sur les gages des marins, les commissaires de l'Inscription maritime sont chargés, à l'armement, de la tenue des rôles d'équipage, et il est expressément défendu aux capitaines d'engager aucune personne avant de l'avoir préalablement présentée à cet officier d'administration, auquel ils doivent en outre donner connaissance des conditions de l'engagement. Il est également enjoint aux capitaines, pendant le cours de la campagne, à peine d'amende et de plus fortes peines s'il y a lieu, de porter sur le rôle tous les marins qu'ils pourraient embarquer et d'y mentionner les conventions qui auraient été arrêtées entre eux.

4° De la totalité de la solde, des parts de prises, gratifications et indemnités revenant aux déserteurs des bâtiments, arsenaux, chantiers et ateliers de l'État, et de la moitié de la solde des déserteurs des navires du commerce, l'autre moitié étant attribuée aux armateurs pour les dédommager de leurs frais de remplacement.

5° Du produit non réclamé des décomptes et inventaires des marins ou autres personnes mortes en mer, des parts de prises et gratifications versées à la Caisse des gens de mer, après un dépôt de deux années dans cette caisse, et sauf remboursement ultérieur sur les réclamations des parties intéressées.

Les salaires dus aux marins déserteurs des bâtiments de commerce, ainsi que les décomptes et inventaires des marins et autres personnes mortes pendant la campagne, doivent être versés, par les soins des armateurs, entre les mains des trésoriers des Invalides. A cet effet, il est enjoint à tous capitaines, maîtres ou patrons, de remettre, dans les trois jours de leur arrivée au port, leur rôle d'équipage, sur lequel doivent être consignés les noms des déserteurs et le jour de leur désertion, les noms des personnes mortes et la date de leur décès. Le produit des ventes de hardes ou d'effets appartenant à ces personnes est ensuite versé, par les soins desdits capitaines, entre les mains du commissaire de l'Inscription, auquel ils sont tenus de remettre en même temps des inventaires détaillés, dressés immédiatement après le décès des individus ou leur disparition. C'est l'édit de 1712 qui, le premier, a attribué à la Caisse des Invalides les bénéfices éventuels provenant des décomptes de solde et produits d'inventaires non réclamés.

6° De la totalité du produit non réclamé des bris et naufrages, et des deux tiers de la valeur des navires et effets trouvés en pleine mer ou tirés de son fond, sauf remboursement ultérieur sur les réclamations des propriétaires.

Il faut encore classer au nombre des ressources éventuelles qui font partie de cette catégorie :

Les trois quarts du produit non réclamé de la vente des ancres trouvées au fond de la mer, l'autre quart revenant à l'inventeur;

Le tiers de la valeur des objets sauvés en pleine mer, lorsqu'ils sont propriété ennemie et proviennent d'un bâtiment autre qu'un corsaire, navire de guerre ou muni de lettres de marque;

Enfin, le cinquième du produit de la vente des navires et objets échoués près des côtes, sans laisser de signes apparents et dont les propriétaires auraient abandonné le sauvetage, les quatre cinquièmes restants étant exclusivement attribués aux sauveteurs.

Le recouvrement de la valeur des objets provenant de naufrages et échouements ne peut présenter aucune difficulté, puisqu'ainsi que nous l'avons expliqué déjà, c'est le commissaire de l'Inscription maritime du quartier où l'évènement a eu lieu qui, en l'absence des armateurs ou propriétaires, est chargé des opérations de sauvetage; il est, par conséquent, plus à même que personne d'assurer à la Caisse des Invalides la jouissance de ses droits.

7° Des parts réglées sur le produit des prises de la manière suivante :

Sur les prises faites par les bâtiments de l'État :

Deux et demi pour cent du produit brut de toutes les prises quelconques;

Un demi pour cent du même produit en faveur du caissier des prises;

Et indépendamment de ces retenues, le tiers du produit net des corsaires, bâtiments et cargaisons pris sur le commerce ennemi. Dans cette dernière catégorie doivent être comprises les captures faites en vertu de la loi du 10 avril 1825, relative à la répression de la piraterie, et de celle du 8 mars 1831, concernant la répression de la traite des noirs;

Sur les prises faites par les corsaires :

Cinq pour cent du produit net des prises.

Cette retenue est exercée par le caissier des prises, sur les fonds déposés dans sa caisse, d'après un extrait de la liquidation générale ou particulière, arrêtée par le tribunal de commerce du port d'armement.

8° De la plus-value des feuilles de rôle délivrées pour les armements et désarmements des bâtiments de commerce.

La Caisse fait les avances des frais d'impression et de timbre de ces feuilles, et les trésoriers les délivrent aux capitaines des bâtiments, moyennant une certaine rétribution calculée de manière à couvrir la Caisse de ses avances et à donner un léger bénéfice dont elle profite.

9° Du produit des amendes et confiscations légalement prononcées pour contraventions aux lois et règlements maritimes, tels que ceux notamment qui défendent aux armateurs d'engager à leur service des déserteurs des bâtiments de l'État, et aux capitaines de porter sur leurs rôles d'équipage des marins, avant de les avoir préalablement présentés au commissaire de l'Inscription maritime , etc.

10° Du produit des prises non répartissables.

11° Des retenues à exercer en cas de congé, sur la solde des officiers militaires ou civils, et sur celle des autres agents affectés, soit au service central, soit au service général.

12° Enfin, de la retenue de un pour cent exercée sur tous les transports de fonds privés effectués par les soins de l'établissement.

Dépenses de la Caisse.

Telles sont les ressources dont dispose la Caisse des Invalides pour faire face à toutes ses obligations et s'acquitter des charges qui lui sont imposées; ces dernières comprennent, savoir :

1° Les pensions viagères dites *demi-soldes*, accordées aux officiers-mariniers et marins après vingt-cinq ans de navigation, et aux ouvriers non maritimes de toutes professions, après vingt-cinq ans de service effectif dans les ports, ainsi que les pensions accordées à leurs veuves et enfants, pères et mères, le tout suivant les formes et dans les proportions que nous indiquerons plus bas.

2° Les pensions de retraite et de réforme liquidées en faveur des officiers militaires et civils, et de tous les autres attachés au département de la marine, ainsi que les pensions ou indemnités allouées à leurs veuves et orphelins.

3° Les gratifications et secours accordés aux marins, soldats, ouvriers, etc., qui, n'ayant pas plus de dix ans de service, ne peuvent obtenir la pension ou solde de retraite, et les secours en faveur de leurs veuves et orphelins.

Toutes ces dépenses s'acquittent sur des états de revue et des mandats dressés par le commissaire de l'Inscription maritime, qui tient la liste de tous les pensionnaires de l'établissement des Invalides. Néanmoins, la distribution d'une partie des secours et gratifications à accorder, soit aux marins eux-mêmes, soit à leurs familles, est laissée à l'initiative du Ministre de la marine.

A cet effet, la loi de 1791 voulait qu'il fût mis chaque année à sa disposition une somme de 60,000 francs, qui devait être

divisée en deux parties : l'une, de 6,000 fr., pour les cas extraordinaires qui ne permettaient aucun retard, devait être employée
en secours dont la quotité ne pouvait excéder 50 fr ; l'autre, de
54,000 fr., devait être distribuée, sur la demande du syndic,
transmise au chef administratif et approuvée par le Ministre, en
secours de 200 fr. au plus. Aujourd'hui, la somme dont dispose
le Ministre de la marine est de 200,000 fr.

5° La rente de 6,000 fr. faite en vertu de l'arrêté du 9 mes-
sidor an IX à l'hôpital de Rochefort, pour l'entretien de douze
veuves infirmes et de quarante orphelines de marins.

5° Les gratifications allouées aux états-majors et équipages
des bâtiments armés en course ou en guerre et marchandises,
suivant le nombre de prisonniers amenés dans les ports, et
suivant le nombre et le calibre des canons capturés.

6° Les remboursements des sommes provenant de la Caisse
des gens de mer, comme n'ayant pas été réclamées dans les délais prescrits.

7° Les appointements, traitements et taxations attribués aux
employés du bureau chargé de l'administration de l'établissement, au trésorier général à Paris, et aux trésoriers particuliers
dans les ports.

8° Les frais de bureau, frais d'impression et autres, se rattachant à l'établissement.

9° Enfin, le montant de la pension représentative de l'Hôtel
des Invalides de la guerre, par tout marin ou militaire du service
de la marine qui y est admis.

Il résulte de cette énumération, qu'à l'exception des demi-
soldes, pensions, secours, gratifications, etc., accordés aux
marins, soldats et ouvriers, ou à leurs familles, les autres dépenses de la Caisse des Invalides ne sont qu'accessoires, en ce
sens, qu'elles ne concourent que très-indirectement au but phi-
lanthropique de l'établissement, leur objet unique étant seule-

ment d'en assurer le service intérieur administratif. Nous n'avons donc qu'à nous occuper des premières.

Demi-soldes et Pensions.

Depuis l'établissement du régime des classes par Colbert, le marin employé par l'État, et quelle que soit, d'ailleurs, sa position au commerce ou à la pêche, ne perd pas pour cela sa qualité de membre de l'armée navale, attendu que ce n'est jamais que temporairement qu'il est admis à n'en pas faire partie active, et qu'il ne jouit de sa liberté qu'autant que l'État peut se passer de ses services. La marine marchande n'est donc, à proprement parler, que la réserve où vient puiser la marine de guerre, et comme telle, elle doit avoir sa part des avantages accordés à cette dernière. Aussi, comme nous l'avons vu plus haut, l'objet de l'ordonnance de 1709 fut-il de faire participer les marins et ouvriers du commerce au bienfait de l'établissement des Invalides, destiné primitivement et exclusivement à la rémunération des services rendus par les marins de l'État.

Les édits de 1709 et de 1720 avaient fixé la quotité de la pension à laquelle avaient droit les invalides de la marine, à la moitié de leur solde au service ; mais il était réservé à l'Assemblée nationale de poser les principes généraux d'après lesquels devaient à l'avenir être établis les droits des serviteurs de l'État à l'obtension des pensions.

Par une première loi du 22 août 1790, furent rangés au nombre des fonctionnaires que l'État doit pensionner, tous les marins comptant vingt-cinq ans de service à l'État, et tous ceux qui auraient reçu des blessures ou contracté des infirmités à son service ; puis enfin, par la loi du 13 mai 1791, furent établis les droits des marins naviguant au commerce ou à la pêche à l'obtention des demi-soldes, secours et gratifications, en raison de leur âge, de leurs infirmités, du nombre de leurs enfants au-dessous de 10 ans, et du nombre d'années de navigation qu'ils pourraient réunir.

Cette loi du 13 mai 1791 est encore appliquée de nos jours dans ses principales dispositions, sauf les améliorations qu'y ont successivement introduites les ordonnances subséquentes, et notamment celles du 17 septembre 1823, 29 juin 1828, et 9 octobre 1837, relatives au mode de décompter, pour la fixation des pensions et demi-soldes, le temps employé par les marins à la pêche du poisson frais ; celle du 12 mars 1826, concernant les soldes de retraite, demi-soldes, pensions et secours que sont susceptibles d'obtenir les officiers militaires et civils, maîtres, marins et ouvriers des ports, non entretenus, ainsi que leurs veuves et orphelins ; celle du 10 mai 1841, portant amélioration des pensions des capitaines au long-cours et des maîtres au cabotage, et celle du 5 octobre 1844, qui a réduit à soixante ans l'âge auquel était acquis le supplément de vieillesse, supplément qui, d'abord alloué à soixante-quinze ans seulement, fut ensuite accordé à soixante-dix ans (*Ord.* 1826), puis à soixante-cinq ans (*Ord. du* 29 *juin* 1828), et enfin, à soixante ans par l'ordonnance précitée.

Quant au régime des pensions accordées aux officiers militaires et civils, officiers-mariniers, marins et ouvriers, soldats des troupes de la marine et autres entretenus de ce département, ayant servi l'État pendant le temps voulu, il a été l'objet des lois des 11 et 18 avril 1831, suivies de l'ordonnance du 26 janvier 1832, portant règlement d'administration publique sur les justifications à fournir pour établir les droits à la pension.

Les revenus de la Caisse des Invalides spécialement affectés à la rémunération des services de tous les membres de la grande famille maritime indistinctement, sont en conséquence répartis entre eux, conformément aux dispositions de la loi du 13 mai

1791, s'il s'agit de marins du commerce, et de celle du 11 avril 1831, s'il s'agit de marins comptant vingt-cinq ans de service à l'État. Toutefois, bien que destinées l'une et l'autre à récompenser les services des marins, ces deux lois ne présentent pas, à un égal degré, le même caractère de généralité ; ainsi, tandis que la seconde donne droit à la pension de retraite après vingt-cinq ans de service effectif, et sans mettre d'autres conditions à l'obtention de cette pension, la première exige formellement, outre les conditions d'âge et de temps de service, la constatation des besoins des personnes auxquelles ses dispositions sont applicables. Il semblerait donc résulter des termes exprès de la loi du 13 mai, que la pension dite demi-solde n'est pas un droit qui s'étende indistinctement à la classe entière des marins ayant d'ailleurs satisfait aux autres conditions établies par ladite loi. Néanmoins, bien que l'obtention des demi-soldes paraisse subordonnée à la constatation des besoins des individus, on ne voit point que cette formalité soit jamais remplie lors de l'envoi des états de proposition, et il est même souvent arrivé que ces pensions ont été accordées à des individus que leur position de fortune mettait bien au-dessus du besoin.

Les pensions dites demi-soldes étaient, dans l'origine, ainsi que leur nom l'indique, égales à la moitié de la solde d'activité, mais aujourd'hui, bien que leur nom soit resté le même, elles ne s'élèvent le plus souvent qu'au quart de cette solde.

Quoique instituées pour rémunérer les services des nonentretenus, une considération devait cependant naturellement influer sur la fixation des demi-soldes réglées par la loi de 1791, je veux parler des services rendus à l'État lui-même. Ces services se comptant, comme chacun sait, en raison du grade ou de la paie dont jouissent les individus à bord des navires de guerre, il était logique d'adopter cette base (la paie au service), comme point de départ des récompenses à accorder aux services mixtes des marins du commerce et autres non-entretenus. C'est aussi ce qu'a fait la loi du 15 mai 1791 ; les individus auxquels s'appliquent ses dispositions, sont traités, quant à la fixation des demi-soldes instituées en leur faveur, en raison de leur paie au service.

Les pensionnaires de la marine régis par cette loi se composent des officiers auxiliaires, officiers-mariniers et matelots naviguant alternativement sur les vaisseaux de l'État et sur les navires du commerce ou les bateaux de pêche, des ouvriers des professions non maritimes des ports et arsenaux, et généralement de tous les non-entretenus ou salariés de la marine qui, n'étant pas compris au tarif de la loi du 18 avril 1831, ne peuvent en invoquer l'application en leur faveur.

Conditions à remplir pour avoir droit à la demi-solde:

Pour avoir droit à la demi-solde, les individus placés dans l'une ou l'autre des catégories que nous venons d'énumérer, doivent remplir les conditions d'âge et de temps de navigation ou de service établies par l'ordonnance du 12 mars 1826, la loi du 15 germinal an III et la loi du 24 novembre 1848, c'est-à-dire, être âgés de cinquante ans et compter vingt-cinq ans ou trois cents mois de navigation ou de service dans les arsenaux. Il est à remarquer ici que la quotité de la demi-solde n'augmente pas en raison du temps de service que le marin ou l'ouvrier peut réunir en sus des trois cents mois exigés par la loi ; mais, par compensation, il est accordé, à partir d'un certain âge, fixé aujourd'hui à soixante ans, des suppléments de vieillesse qui varient de six à neuf francs par mois.

Le temps de navigation sur les bâtiments de l'État ou du commerce et celui passé dans les arsenaux comptent, pour la supputation des services, à partir de l'âge de dix ans, et pour sa durée effective. Le service à terre, à l'État, et le temps de prisonnier de guerre, à l'État ou en course, comptent aussi pour leur durée effective; il en est de même du temps d'embarquement sur les bateaux employés à la pêche du poisson frais, mais seulement lorsque les marins réunissent six années de service à bord des bâtiments de l'État (*Ordonnance du 9 octobre 1837*); dans le cas contraire, ce temps ne compte que pour les trois quarts de sa durée effective.

Pensions et secours en faveur des femmes, enfants et ascendants des demi-soldiers décédés.

La loi du 13 mai 1791 a en outre établi des droits à des pensions ou à des secours en faveur des femmes, enfants et ascendants des demi-soldiers décédés. Ces pensions et secours sont ainsi réglés :

Les veuves des pensionnaires invalides et celles des hommes morts après vingt-cinq ans de service, ont droit à la moitié de la pension que leurs maris avaient obtenue ou avaient droit d'obtenir, et dans les mêmes cas, le tiers de ladite pension est accordé à chacun des orphelins de père et de mère, jusqu'à l'âge de quatorze ans. Enfin, à défaut de femmes ou d'enfants, les pères et mères des hommes tués au service de l'État, peuvent obtenir chacun une pension égale au tiers de celle à laquelle ces derniers auraient eu droit.

Cas dans lesquels les individus placés sous le régime de la loi de 1791 sont traités comme les entretenus de la Marine.

Les individus placés sous le régime de la loi du 13 mai 1791, ainsi que leurs veuves et orphelins, sont traités comme les entretenus de la marine, par application de la loi du 18 avril 1831, lorsqu'ils ont été blessés ou mutilés, soit par le fer ou le feu de l'ennemi, soit en remplissant un service requis ou commandé pour l'État.

S'ils sont dans l'impossibilité de travailler par suite de blessures ou d'infirmités résultant de causes autres que celles que nous venons de mentionner, ils ne cessent pas d'appartenir à la catégorie des demi-soldiers régis par la loi du 13 mai, et ont droit seulement à un supplément de six à neuf francs par mois ; en outre, s'ils ont des enfants au-dessous de dix ans, ils reçoivent, pour chacun d'eux, un supplément mensuel de deux à trois francs, jusqu'à ce qu'ils aient atteint cet âge.

Etats de propositions à la demi-solde, dressés par les Commissaires de l'Inscription maritime.

Les propositions à la demi-solde et à la pension de veuve font, chaque année, dans les quartiers et dans les ports, l'objet d'un travail confié aux commissaires de l'Inscription maritime. Ce travail est adressé au Ministre, accompagné de toutes les pièces justificatives, et soumis à la révision du comité de la guerre et de la marine du conseil d'État.

Les justifications à fournir à l'appui de ces propositions ont fait l'objet de plusieurs dépêches ministérielles, et notamment de celles du 9 septembre 1834 et du 15 septembre 1835, établissant les règles générales à suivre pour ces justifications dont le détail ne doit point nous occuper ici.

Disons seulement que, pour la navigation faite sur les bâtiments de commerce, bateaux de pêche et autres, cette partie des services des marins doit être relevée sur les *rôles mêmes*, avec affirmation que le droit des Invalides a été perçu dans le temps.

Loi du 18 Avril 1831. — Ses principales dispositions.

La seconde catégorie des pensionnaires de la marine comprend les individus placés sous l'empire de la loi du 18 avril 1831, savoir : les officiers de vaisseau, du génie, de l'administration, de santé, les officiers-mariniers, marins et autres agents entretenus comptant vingt-cinq ans de service effectif à l'État, ou ayant contracté des infirmités ou reçu des blessures graves ou incurables reconnues provenir des fatigues ou des accidents du service.

Les officiers et soldats des troupes de la marine sont traités d'après la loi du 11 avril 1831, pour l'obtention de la pension de retraite; mais ils n'ont droit à cette pension qu'après trente ans de service effectif, à moins qu'ils ne réunissent six ans de navigation ou neuf années, tant de navigation que de séjour dans les colonies, auquel cas ils sont assimilés aux marins.

Les entretenus ou assimilés, pensionnés par la loi de 1831, ayant d'ailleurs les vingt-cinq ans de service exigés, sont admis à compter, pour l'amélioration de la pension d'ancienneté, les années qu'ils ont passées en plus au service de l'État et celles résultant du bénéfice des campagnes; la supputation de ces dernières s'établit d'après les règles suivantes :

Est compté pour la totalité en sus de sa durée effective, le service fait :

1° En temps de guerre maritime sur un bâtiment de l'État.

2° A terre, en temps de guerre, soit dans les colonies françaises, soit sur d'autres points hors d'Europe pour les individus envoyés d'Europe.

3° Le temps de captivité à l'ennemi des officiers, marins et autres, faits prisonniers sur les bâtiments de l'État ou sur les prises faites par ces derniers.

4° Le temps de navigation des voyages de découvertes ordonnés par le gouvernement.

Est compté pour la moitié en sus de sa durée effective, le service en temps de paix maritime à bord d'un bâtiment de l'État ou à terre, soit dans les colonies françaises, soit sur d'autres points hors d'Europe, pour les individus envoyés d'Europe.

Enfin, est compté pour sa durée simple, le service fait en temps de guerre à bord d'un bâtiment armé en course, ainsi que le temps de captivité en cas de prise. Quant au service fait en guerre comme en paix sur les navires de commerce, il ne compte que pour moitié de sa durée effective, lorsqu'il s'agit des pensions réglées par la loi du 18 avril 1831, tandis qu'au contraire les individus régis par la loi de 1791 sont admis à le compter pour sa durée effective.

Le droit au minimum de la pension d'ancienneté s'acquiert, avons-nous dit, à vingt-cinq ans de service effectif ; mais chaque année de service au-delà de ce terme, plus celles résultant du bénéfice des campagnes, entrent en ligne de compte pour l'amélioration de la pension ; cependant, afin que celle-ci ne puisse s'accroître indéfiniment suivant les services de l'individu, la loi a limité le cumul des bénéfices qui peuvent résulter de la supputation des campagnes, en établissant pour chaque grade un maximum de pension. Ce maximum est acquis, pour les officiers de la marine, à quarante-cinq ans, et pour les autres individus de la marine, à cinquante ans de service effectif, campagnes comprises ; de sorte que, pour chaque année de service au-delà du terme auquel est accordé le minimum de la pension d'ancienneté, celle-ci s'améliore du vingtième de la différence du minimum au maximum.

Les pensions pour blessures ou infirmités reconnues provenir du fait du service sont fixées au maximum de la pension d'ancienneté dans les cas de cécité, d'amputation ou de perte absolue de l'usage de deux membres, et au minimum, lorsque lesdites blessures ou infirmités n'entraînent que la perte absolue de l'usage d'un membre; seulement, dans ce dernier cas, chaque année de service, y compris les campagnes supputées comme il a été dit, ajoute à cette pension un vingtième de la différence du minimum au maximum d'ancienneté.

Pour les blessures moins graves, la pension est également fixée au minimum d'ancienneté; mais les années de service ne comptent, à titre de bénéfices pour la pension, qu'au-delà de vingt-cinq ans ou de trente ans de service effectif, suivant les corps.

Dans tous les cas, le droit à la pension pour blessures ou infirmités ne s'acquiert, pour l'officier, que si elles l'ont mis hors d'état de rester en activité, ou le mettent dans l'impossibilité d'y rentrer ultérieurement, et pour tout individu au-dessous du rang d'officier, que si elles le mettent hors d'état de servir et de pourvoir à ses besoins. Il résulte de là que toute demande d'admission à la retraite, pour cause de blessures ou d'infirmités, doit être appuyée de certificats délivrés par qui de droit et destinés à constater, en premier lieu, que lesdites blessures ou infirmités résultent d'un fait de service, et en second lieu, qu'elles sont ou paraissent incurables et mettent le réclamant hors d'état de rester en activité.

Enfin, les veuves des officiers, marins ou autres, et leurs enfants mineurs, après le décès de la mère, ont droit, dans les cas suivants, à une pension qui est fixée au quart du maximum de la pension d'ancienneté affectée au grade dont le mari était titulaire, quelle que soit la durée de son service dans ce grade, savoir:

1° Lorsque le mari a été tué dans un combat ou a péri dans un service commandé ou requis;

2° Lorsque sa mort est le résultat d'événements de guerre, la suite de blessures reçues dans un combat ou de maladies contagieuses ou endémiques aux influences desquelles il a été soumis par les exigences de son service;

3° Lorsqu'enfin le mari était lui-même titulaire d'une pension de retraite, ou se trouvait, au moment de sa mort, en possession des droits à cette pension, pourvu, toutefois, que le mariage ait été contracté deux ans au moins avant la cessation d'activité du mari, ou qu'il y ait un ou plusieurs enfants issus du mariage antérieur à cette cessation.

Après le décès de la mère, la pension dont elle jouissait est payée aux enfants mineurs, quel que soit leur nombre, jusqu'à ce que le plus jeune d'entre eux ait atteint l'âge de vingt et un ans.

CHAPITRE VI.

LÉGISLATION PÉNALE DE LA FLOTTE.

Considérations générales sur l'état actuel de la législation pénale de la flotte. — Décret disciplinaire et pénal du 24 mars 1852 pour la marine marchande. — Juridictions spéciales établies dans la marine. Lois des 22 août 1790 et 12 octobre 1791. — Décrets des 22 juillet et 12 novembre 1806, du 12 mars 1848 et du 26 mai 1852. — Du Conseil de justice. — Des Conseils de guerre maritimes. Compétence. Composition. — Devoirs des commandants de bâtiments lorsque le prévenu ne peut être jugé immédiatement. — Convocation des Conseils de guerre maritimes. — Fonctions du rapporteur. — Séance, débats, jugement, exécution. — Du Tribunal maritime. Compétence. Composition. — Le Tribunal maritime n'a pas d'existence permanente. — Attributions du Commissaire rapporteur près le Tribunal maritime. — Mode de procédure à suivre. — Les jugements rendus par les Tribunaux maritimes sont sujets à appel et à révision. — Composition du Tribunal maritime de révision. — Conseils de guerre maritimes permanents. Leur compétence. Triple juridiction dont ils sont investis. — Composition des Conseils de guerre maritimes permanents. — Rapporteur et Commissaire du gouvernement — Convocation des Conseils de guerre maritimes permanents. — Lois et décrets qui déterminent le mode de procédure à suivre, selon le cas, pardevant les Conseils de guerre maritimes permanents. — Fauteurs et complices de la désertion. Par qui jugés. — Plainte en désertion. Par qui portée. — Devoirs des commandants de bâtiments lorsqu'un déserteur a pu être repris en cours de campagne. — Les jugements rendus par les Conseils de guerre maritimes permanents sont sujets à appel et à révision. — Du crime de piraterie. Compétence du Tribunal maritime à cet égard. Loi du 10 avril 1825. — Règles imposées aux armements en course. Lettres de marque. Arrêté du 2 prairial an XII. — Traite des nègres. Principales dispositions concernant sa répression.

Considérations générales sur l'état actuel de la législation pénale de la flotte.

Une force armée, quelle que soit sa composition, n'est régulièrement constituée, et n'a même d'existence possible, qu'à la condition de former un tout homogène, obéissant à une volonté, à une impulsion unique. Ceci est un principe incontestable, en dehors duquel il ne peut exister que des bandes armées, sans frein et sans consistance.

Composée des éléments les plus divers et les plus hétérogènes, une armée ne saurait donc arriver à l'ensemble et à l'unité désirables, si elle ne trouvait dans la discipline un lien puissant, capable de maîtriser dans chacun de ses membres le sentiment de l'individualité, en le forçant pour ainsi dire à s'effacer devant la nécessité d'une volonté supérieure à subir.

Dans son acception la plus générale, *discipline* veut dire la règle établie. Militairement parlant, la règle ne se discute pas, et devient d'observation rigoureuse, par cela seul qu'elle émane de qui de droit. Il suit de là que la législation militaire, destinée à assurer le maintien de la discipline, doit être d'autant plus sévère, que les obstacles qu'elle rencontre dans l'esprit d'indépendance, l'amour-propre et l'orgueil qui animent la généralité des hommes, sont plus difficiles à briser.

C'est plus particulièrement parmi les marins que se rencontre cette tendance à s'affranchir du joug de la discipline, ou du moins c'est à cette classe d'hommes, d'ailleurs si dévoués et si intrépides, qu'il est surtout difficile d'imprimer ce respect de la règle et de l'autorité dont elle émane, qui fait la force de notre armée; d'où l'on a conclu, et cette opinion compte de nombreux partisans dans la marine, que le matelot était de sa nature incapable de se façonner comme le soldat aux exigences du service militaire, et qu'attendre de lui l'exécution rigoureuse d'un ordre ou la méticuleuse observation d'une consigne, c'était rêver l'impossible.

En partant de cette donnée, erronée à notre avis, on en est naturellement arrivé à cette autre conséquence, à savoir : qu'il ne fallait pas songer à assurer le bon ordre et à maintenir la discipline à bord de nos navires, tant qu'on n'y rétablirait pas des garnisons plus ou moins nombreuses tirées de nos régiments d'infanterie.

Pour notre part, quoique bien éloigné de méconnaître les avantages qui, sous certains rapports, pourraient résulter d'une semblable mesure, nous n'en croyons pas moins devoir protester hautement contre l'opinion qu'on met en avant, pour en réclamer l'adoption ; car une telle doctrine n'est pas autre chose au fond qu'une reconnaissance formelle d'une sorte de *droit à l'indiscipline* qu'il est impossible d'admettre, et ne tendrait à rien moins qu'à encourager, en la couvrant d'une indulgence funeste, la fàcheuse propension des matelots en général à ne jamais prendre au sérieux leur titre de militaire et les devoirs tout particuliers qui leur sont imposés en cette qualité.

C'est plutôt, en effet, à l'insuffisance de notre législation criminelle maritime, et à l'inefficacité de nos moyens de répression et de coërcition, qu'à la nature et au caractère particulier du marin, qu'il faut s'en prendre de l'extrême difficulté qu'on éprouve à faire passer dans la flotte les mœurs militaires de l'armée, et nous ne mettons pas en doute que, sous ce rapport, le décret du 26 mars 1852 ne doive amener des résultats immenses, surtout si, comme le rapport qui le précède le fait pressentir, il n'est que l'ébauche d'un acte plus complet qui remaniera tout notre système pénal en vue des exigences du service à bord des vaisseaux, et asseoira sur de plus larges bases le régime de la justice maritime.

Le décret du 26 mars 1852 a eu un double but : non-seulement il a entendu établir des pénalités distinctes et graduées, et remédier sous ce rapport à la confusion qui résultait des dispositions du décret du 12 mars 1848, mais encore assurer dans tous les cas possibles la répression immédiate des crimes et délits, à bord des bâtiments de l'État. Remarquons-le bien, en effet, ce qui importe à bord d'un navire, c'est moins le châtiment en lui-même, que l'impression salutaire qu'il doit produire sur l'équipage : il faut, avant tout, frapper les yeux par l'appareil imposant de la justice, les esprits par l'exécution publique et immédiate de ses arrêts ; car infliger à un homme une pénalité quelconque, uniquement pour la souffrance ou physique ou morale qu'elle entraîne avec elle, c'est perdre de vue le but le plus essentiel peut-être que la justice doive se proposer.

Or, il ne faut pas se le dissimuler, parmi les nombreuses lacunes qu'on rencontrait à chaque pas dans la législation criminelle de la flotte, la plus regrettable, sans contredit, était l'impossibilité de faire juger, dans la plupart des cas, les coupables sur le théâtre même de leurs délits, et en présence des équipages qui en avaient été les témoins. Pour ne citer qu'un fait, il suffit de se rappeler les dispositions de l'arrêté des 5 germinal et 1ᵉʳ floréal au XII et de l'ordonnance du 22 mai 1816, qui attribuaient exclusivement aux conseils de guerre maritimes permanents établis dans les ports, la connaissance du crime de désertion.

Aussi, qu'arrivait-il ordinairement lorsqu'un déserteur avait pu être repris en pays étranger ? C'est que, dans l'impossibilité de former un tribunal compétent pour le juger, dans l'incertitude de trouver une occasion favorable pour renvoyer le prévenu en France, et enfin en présence de la pénible obligation de désorganiser un équipage en se démunissant des témoins, hommes souvent précieux et même indispensables pour le service du bord, les commandants préféraient punir eux-mêmes disciplinairement le déserteur, et ne pas donner d'autre suite à la plainte.

Grâce à ce système de tolérance, le crime de désertion avait si bien perdu de son caractère de gravité aux yeux des matelots, qu'il n'était pas rare de les voir, pour une simple punition qu'ils ne croyaient pas mériter, et même par pur esprit de bravade, prendre le parti d'abandonner leurs navires, quitte à courir la chance d'un mois de prison, dans le cas où ils auraient été repris. De là ces exemples si fréquents de bâtiments revenant, après quelques années de campagne, avec des équipages tellement réduits par la désertion, que non-seulement ils eussent été dans l'impossibilité d'armer complétement les pièces de leurs batteries, mais que c'était à peine s'il leur restait assez de monde pour manœuvrer leurs voiles.

Outre la désorganisation et la démoralisation des équipages, cette sorte d'impunité, assurée pour ainsi dire aux déserteurs marins, avait donc pour conséquence immédiate de réduire considérablement la puissance effective de nos bâtiments comme machines de guerre. Il est bien évident, en effet, que si, par une cause quelconque, un vaisseau de cent canons, par exemple, n'a que le nombre d'hommes nécessaires pour armer quarante pièces, la valeur effective de ce vaisseau, au point de vue du combat, ne devra plus être représentée par cent, mais seulement par quatre-vingts.

Prendre en conséquence le nombre des bouches à feu comme base d'évaluation de la force de nos bâtiments, c'était, le plus souvent, commettre une erreur d'autant plus grave, qu'elle conduisait à une fausse appréciation de l'importance de nos forces navales en pays étranger et des services qu'on pouvait en attendre en cas de guerre, et laisser subsister, sans chercher à la combattre, cette cause incessante de désorganisation, c'était s'exposer à dépenser beaucoup d'argent pour arriver, en définitive, à des résultats qui n'étaient nullement en rapport avec les sacrifices énormes qu'ils coûtaient à l'État. Heureusement, le décret du 26 mars 1852, en rendant possible la mise en jugement, dans les colonies et à bord des vaisseaux, des marins embarqués prévenus de désertion, a mis terme, fort à propos, à un désordre qui tendait à se propager tous les jours davantage, et qui compromettait sérieusement nos moyens d'action dans les pays d'outre-mer.

Mais si les dispositions de la législation criminelle maritime étaient insuffisantes dans bien des cas, il s'en fallait de beaucoup, d'un autre côté, qu'elles ne laissassent rien à désirer sous le rapport de l'efficacité des peines applicables aux délits ordinaires.

Avant le décret du 12 mars 1848, un grand nombre de délits, tels que le vol, le refus d'obéissance, les injures à un supérieur, entraînaient des punitions corporelles, mais depuis, la seule punition applicable aux délits de cette nature, était la prison.

Certes, nous ne sommes pas partisan des peines corporelles qui avilissent et dégradent le marin tout aussi bien que le soldat, et nous ne les verrions rétablir, ce qui, du reste, nous paraît impossible aujourd'hui, qu'avec une extrême répugnance. Cependant, il n'en est pas moins vrai que ces peines, quelque déplorables qu'elles fussent par leur nature, étaient encore un frein capable de retenir, sinon les hommes foncièrement mauvais et inaccessibles à la honte, au moins ceux, et c'est le cas le plus fréquent, qui ne font que céder à un moment d'entraînement. Depuis, au contraire, qu'on avait cru pouvoir remplacer les châtiments corporels par une pénalité unique, toute répression était devenue à peu près illusoire, et les effets d'une législation pénale aussi imparfaite, étaient plutôt de nature à affaiblir l'autorité des chefs qu'à la consolider.

Que pour l'armée la prison soit une punition généralement efficace, cela se conçoit; le soldat, hors ses heures de service, ne reste pas confiné dans sa caserne; il a la faculté de dépenser ses loisirs partout ailleurs que dans son enceinte, et il en profite ordinairement. On conçoit donc que priver le soldat de cette liberté dont il a l'habitude, pour l'isoler de ses camarades, le séquestrer étroitement, et le soumettre à l'épreuve d'une solitude complète, on conçoit, disons-nous, qu'une semblable punition soit redoutable à ses yeux et efficace par conséquent. Mais le marin est placé dans des conditions bien différentes : accoutumé à vivre entre les étroites murailles d'un bâtiment, confiné pendant des mois, des années entières, quelquefois, dans sa caserne flottante ; privé souvent des jouissances les plus naturelles, telles que l'air, la lumière, peu lui importe la plupart du temps qu'on lui rogne encore un peu d'espace, et qu'on rende sa séquestration un peu plus complète ou un peu plus rigoureuse. Ce n'est donc pas pour un tel homme que la prison est redoutable, surtout la prison de bord, qu'il est impossible d'isoler assez complétement, pour que le détenu y subisse sa peine dans ce qu'elle a de plus rigoureux, le silence et la solitude ; aussi voit-on l'auteur du décret du 26 mars s'efforcer de rendre cette pénalité plus efficace, en la combinant, soit avec une réduction de paie ou de grade, soit avec l'inaptitude à l'avancement pendant un temps plus ou moins long.

Maintenant, ces nouvelles mesures suffiront-elles pour suppléer entièrement à l'insuffisance du système pénal inauguré par le décret du 12 mars 1848 ? Nous n'oserions l'affirmer.

Sans doute, la réduction de paie ou de grade, l'inaptitude à l'avancement, sont des pénalités efficaces dans beaucoup de cas, mais elles ont ce désavantage de n'être pas indistinctement applicables à tous les membres de l'équipage, en ce sens qu'elles ne peuvent avoir un effet véritablement salutaire que sur les hommes, soit déjà en possession d'un certain grade, soit en position, par leur conduite et leur capacité, d'obtenir de l'avancement. Or, cette classe d'hommes n'est pas toujours la plus nombreuse à bord, et ce n'est d'ailleurs pas pour elle que la législation doit réserver ses moyens d'action les plus énergiques ; aussi est-il à regretter , peut-être , que le décret du 26 mars n'ait pas cru devoir recourir à un autre genre de pénalité, également redoutable pour tous les marins en général , écrit déjà d'ailleurs dans nos lois, et qui consiste, soit à ajourner pour un temps plus ou moins long le congédiement des matelots à leur retour de la mer, soit à les soumettre à l'obligation d'entreprendre une nouvelle campagne sur un bâtiment de guerre.

Tout le monde sait, en effet, combien le matelot est impatient de quitter les navires de l'État et de quelles énergiques épithètes ce nom maudit, *le service*, est ordinairement accompagné dans les conversations du gaillard d'avant. Déjà le décret disciplinaire et pénal du 24 mars 1852, pour la marine marchande, a su habilement tirer parti de cette appréhension si générale des marins pour le service de la flotte, et puiser, dans la nature même de ce sentiment, un moyen efficace de répression ; par analogie avec ce qui se pratique à l'égard des marins du commerce, il eut donc été peut-être à désirer que l'on comprît au nombre des pénalités applicables aux marins de la flotte, l'embarquement pour une campagne extraordinaire, à l'expiration du temps de service ordinairement exigé.

Les conseils de justice auraient été naturellement investis du droit de prononcer cette nouvelle pénalité, et cette faculté, jointe à celle dont ils jouissent déjà, de casser les matelots de grade et de paie dans certains cas déterminés, serait d'un effet immense sur les équipages ; d'autant plus, et il faut bien remarquer ceci, que ce n'est presque jamais de la part des hommes véritablement matelots , de ceux, pour mieux dire, qui, depuis leur enfance, n'ont d'autre état que celui de marin, que proviennent les faits les plus graves d'indiscipline.

La punition que nous proposons aurait donc cet avantage, d'être surtout redoutable à ces hommes, comme il s'en rencontre si fréquemment dans nos équipages, dont il est impossible de rien obtenir, qui, sortis on ne sait d'où, amenés à bord de nos navires par des circonstances toutes particulières, et sans aucun goût pour le métier de marin, n'attendent que leur congé pour l'abandonner à tout jamais.

Nous venons de citer le décret du 24 mars 1852, et à ce propos, nous ne pouvons nous dispenser d'entrer dans quelques détails sur le régime disciplinaire et pénal récemment inauguré par ce décret. En effet, bien que cet acte soit seulement destiné à régir la marine marchande, les pouvoirs qu'il confère aux commandants des bâtiments de l'État relativement à la police et à la discipline des équipages des navires du commerce, et ses dispositions en ce qui concerne la création toute nouvelle des tribunaux maritimes commerciaux, dans le sein desquels peuvent être appelés à siéger, soit comme présidents, soit comme membres, les officiers de la marine, méritent, à plus d'un titre, de fixer notre attention.

Décret disciplinaire et pénal du 24 mars 1852 pour la marine marchande.

Jusqu'à ce jour, les lois et règlements en vigueur avaient fait un devoir aux commandants des bâtiments de l'État, de veiller au maintien de l'ordre et de la discipline à bord des navires du commerce ; ils leur imposaient l'obligation de prendre connaissance des plaintes portées par les capitaines et de leur prêter main-forte et assistance pour faire respecter leur autorité, toutes les fois qu'elle se trouverait menacée par l'indiscipline ou l'insubordination des équipages, mais sans leur reconnaître pour cela aucun droit de juridiction sur les marins de ces équipages.

Le décret du 24 mars, au contraire, a formellement investi de ce droit les commandants des bâtiments de l'État, mais seulement, il est vrai, en pays étranger et sur les rades des colonies françaises; car, dans les ports où il se trouve un commissaire de l'Inscription maritime, le décret entend que le pouvoir disciplinaire, à l'égard des marins du commerce, soit exclusivement exercé par ce dernier fonctionnaire dont les attributions ne se borneront plus, comme on le voit, à la police des classes, mais s'étendront aussi à la police de la navigation, qu'un arrêt de la cour de cassation avait fait regarder jusqu'à ce jour comme ressortissant des tribunaux ordinaires.

C'est donc aux commandants des bâtiments de l'État que doivent être adressés, dans les lieux spécifiés ci-dessus, les plaintes des capitaines contre les hommes de leurs équipages, et c'est à eux seuls qu'est réservé le droit, sauf l'exception posée par les articles 7 et 53, de prononcer toutes les peines de discipline énumérées dans le décret ou de convoquer, suivant la nature des faits, le tribunal maritime commercial. (En l'absence de bâtiments de l'État, les pouvoirs et les droits dont il vient d'être question appartiennent aux consuls.)

Les plaintes portées par les capitaines des navires du commerce peuvent être relatives, soit à des fautes de discipline, soit à des délits maritimes, soit à des crimes.

Dans le premier cas, comme nous l'avons vu, le commandant du bâtiment de l'État présent sur les lieux prononce la peine à appliquer; dans le second, il convoque le tribunal maritime commercial; et enfin, dans le troisième cas, il pourvoit à ce que le prévenu soit renvoyé en France dans le plus bref délai possible, les tribunaux ordinaires étant seuls compétents pour connaître des crimes maritimes prévus ou non par le décret; il semble toutefois résulter des termes exprès de l'article 51, qu'en matière de crimes, les commandants des bâtiments de l'État ne reçoivent la plainte et ne sont chargés du soin de compléter l'instruction et des diligences à faire pour renvoyer le prévenu en France, qu'à défaut du consul.

Les fautes de discipline, dont la punition est réservée aux commandants des bâtiments de l'État, ne sont pas l'objet d'un rapport de la part des capitaines; elles sont tout simplement mentionnées par eux sur un livre spécial, dit livre de punition, qui est soumis à l'autorité chargée de statuer, laquelle inscrit sa décision en marge.

Lorsqu'un délit a été commis, ses circonstances sont également mentionnées sur le livre de punition; mais, en outre, le capitaine assisté, s'il y a lieu, de l'officier qui a constaté le fait, procède à une instruction sommaire, reçoit les dépositions des témoins à charge et à décharge, et dresse procès-verbal du tout.

Ce procès-verbal est remis (si les faits se sont passés en pays étranger ou sur la rade d'une colonie française) au commandant du bâtiment de l'État présent sur les lieux, lequel nomme aussitôt le tribunal maritime commercial appelé à connaître de l'affaire, désigne le rapporteur qu'il charge de prendre toutes les informations nécessaires, et convoque le tribunal dès que l'affaire est suffisamment instruite.

Dans le cas dont il s'agit, c'est-à-dire lorsque l'autorité saisie de la plainte est le commandant d'un bâtiment de l'État, le tribunal maritime commercial se réunit à bord de ce bâtiment dans le local affecté aux séances du conseil de guerre maritime. Il se compose toujours de cinq membres, savoir :

JUGES.
- Le commandant du bâtiment de l'État, président;
- L'officier de vaisseau le plus élevé en grade après le second, ou, à défaut, le second lui-même;
- Le plus âgé des capitaines;
- Le plus âgé des officiers;
- Et le plus âgé des maîtres d'équipage;

Des navires du commerce présents sur les lieux.

S'il n'y a pas sur les lieux d'autres navires du commerce que celui à bord duquel se trouve l'inculpé, le tribunal est composé de la manière suivante, savoir :

JUGES.
- Le commandant du bâtiment de l'État, président;
- Les deux plus anciens officiers de vaisseau après le commandant;
- Le plus ancien second-maître;
- Un officier ou un matelot du navire où le délit a été commis.

Les jugements des tribunaux maritimes commerciaux sont rendus à la majorité des voix et ne sont sujets à aucun recours en révision ni en cassation; ils doivent être rédigés en triple expédition, dont une est sans délai adressée au Ministre de la marine.

Nous n'ajouterons rien à ces détails, notre but n'étant ici que de faire comprendre l'esprit du décret du 24 mars et d'appeler l'attention des officiers de la marine sur la part qui leur est attribuée dans l'administration de la justice à bord des navires du commerce. Quant à la forme de procéder devant les tribunaux maritimes commerciaux, aux formalités à remplir, soit à l'ouverture, soit à la clôture des débats, aux causes d'incompatibilité et de récusation, etc., il ne se trouve rien dans le décret qui ne soit, à cet égard, en tous points conforme aux règles de la procédure à suivre devant les conseils de justice et les conseils de guerre maritimes qui vont faire maintenant l'objet de notre étude.

Juridictions spéciales établies dans la marine. — Lois des 22 août 1790 et 12 octobre 1791. — Décrets des 22 juillet et 12 novembre 1806, du 12 mars 1848 et du 26 mars 1852.

La législation pénale maritime se divise en deux branches bien distinctes : celle relative aux crimes et délits commis à bord des vaisseaux, et celle relative aux crimes et délits commis à terre dans l'intérieur des arsenaux de la marine. La première a pour base la loi du 22 août 1790 (*Code pénal des vaisseaux*) et celle du 22 juillet 1806 ; la seconde dérive, pour ainsi dire tout entière, de la loi du 12 octobre 1791 et du décret du 12 novembre 1806.

Il résulte de cette division admise dans notre jurisprudence maritime, que les mêmes individus relèvent de juridictions différentes, suivant la nature du délit et le lieu où il a été commis. Ainsi, à bord, tout crime ou délit doit être jugé conformément aux dispositions de la loi du 22 août 1790 et du décret du 22 juillet 1806, tandis qu'à terre et dans l'intérieur des arsenaux, c'est à la loi du 12 octobre 1791 et au décret du 12 novembre 1806 qu'il faut recourir pour la procédure à suivre et l'application de la peine. Maintenant, si le fait s'est passé à bord pendant le séjour du bâtiment dans l'arsenal, il y aura lieu à distinguer si ce fait intéresse, soit la police ou la sûreté de cet établissement, soit le service maritime, ou bien s'il intéresse seulement la police, la discipline ou le service du bord. Dans le premier cas, il rentrera dans la catégorie des crimes et délits prévus par le code pénal des arsenaux, et dans le second, il devra être simplement classé parmi les faits de la compétence des tribunaux de bord, abstraction faite, par conséquent, de la position particulière du bâtiment.

Les lois de 1790 et de 1791 avaient établi pour le jugement

des crimes et délits commis, soit à bord, soit dans l'intérieur de l'arsenal, deux degrés de juridictions, suivant que ces crimes ou délits emportaient des peines infamantes ou afflictives, ou de simples peines correctionnelles. Les tribunaux chargés d'appliquer les premières, étaient le conseil martial et la cour martiale ; quant aux secondes, elles étaient uniquement infligées par le conseil de justice et le tribunal correctionnel.

La compétence du conseil martial et du conseil de justice s'étendait à tous les crimes et délits commis à bord par les marins, soldats des troupes de la marine et de la guerre, et généralement par toute personne quelconque embarquée à bord des bâtiments de l'État, sans aucune exception.

La compétence de la cour martiale et du tribunal correctionnel s'étendait, au contraire, à tous les auteurs, fauteurs ou complices des crimes et délits commis dans l'intérieur de l'arsenal, par les marins, soldats, ouvriers, et généralement par tout individu, quelle que fût sa qualité, et encore qu'il ne fût pas employé de l'État.

Ces tribunaux, convoqués pour la connaissance d'un seul fait, et dissous aussitôt après le prononcé du jugement, n'avaient cependant, malgré leur composition spéciale et leurs formes toutes militaires, qu'une action très-insignifiante sur le dénouement de la cause, attendu qu'à l'exception du tribunal correctionnel, ils n'avaient pas à s'ingérer dans l'appréciation du fait, uniquement dévolue à un jury, et ne prononçaient que sur l'application de la peine.

Cette intervention du jury, si fâcheuse pour la discipline, si contraire à toutes les règles du bon sens, ne pouvait être de longue durée. Par un arrêté du 16 nivôse an II, le jury fut supprimé pour le jugement de la plupart des crimes et délits de la compétence du conseil de discipline et des conseils martiaux, et définitivement aboli dans toutes les causes maritimes par les décrets des 22 juillet et 12 novembre 1806.

Au reste, ce ne furent point là les seuls changements introduits par les décrets que nous venons de citer, dans l'organisation judiciaire criminelle de la marine. D'importantes modifications furent apportées dans la composition et le mode de procédure des conseils de justice qui conservèrent leur dénomination, et des conseils martiaux qui furent remplacés par les conseils de guerre maritimes. En outre, au lieu d'un tribunal correctionnel et d'une cour martiale, il n'y eut plus, pour la répression des crimes et délits commis dans les arsenaux, qu'un seul tribunal, le tribunal maritime, dont la compétence s'étendit à la fois aux faits de simple police et aux faits qualifiés crimes par le code pénal maritime.

Cependant, bien que destinés à remplacer toute la législation antérieure, les décrets de 1806 laissèrent subsister en entier la partie pénale des lois de 1790 et 1791, et aujourd'hui encore, c'est toujours à leurs dispositions, modifiées, il est vrai, par le décret du 12 mars 1848 et celui du 26 mars 1852, que procèdent, pour la définition des crimes et délits et l'application des peines, les tribunaux institués pour connaître de tous les faits commis à bord, ou à terre dans l'intérieur de l'arsenal.

Quant aux crimes et délits qui peuvent être commis à terre, en dehors de l'arsenal, par les individus non embarqués, appartenant aux corps organisés et troupes de la marine, ils excèdent la compétence des tribunaux que nous venons d'énumérer, et sont l'objet d'une juridiction spéciale, dévolue uniquement à des conseils de guerre maritimes permanents, qui réunissent en outre dans leurs attributions la connaissance du crime de désertion. Mais, comme nous le verrons plus loin, cette double juridiction entraîne des modifications importantes dans la composition du conseil de guerre maritime permanent, et dans le mode de procédure à suivre, non-seulement suivant la nature du fait qu'il est appelé à juger, mais encore suivant la qualité du déserteur, c'est-à-dire suivant qu'il appartient aux équipages de ligne ou aux troupes de la marine.

Tels sont, avec le tribunal maritime spécial appelé à juger les forçats, les tribunaux institués pour la répression des crimes et délits dans la marine; car il ne faut point ranger dans cette catégorie les conseils de révision, dont la mission se borne à statuer sur les faits qui peuvent entraîner l'annulation du jugement.

Du Conseil de justice.

Le conseil de justice, ainsi que nous l'avons vu, étend sa compétence à tous les délits spécialement désignés aux titres II et III de la loi du 22 août 1790, commis à bord des bâtiments de l'État par toute personne embarquée, marin, militaire ou autre, faisant ou non partie de l'équipage.

En ce qui concerne l'application des peines, il se conforme également aux dispositions de ladite loi non abrogées par le décret du 12 mars 1848, à celles du décret du 26 mars 1852, et aux prescriptions du décret du 22 juillet 1806, pour le mode de procédure à suivre, la forme du jugement, etc.

Le conseil de justice est convoqué et présidé par le commandant du bâtiment; il est composé de cinq membres, y compris le président et le greffier. Les juges doivent, autant que possible, être officiers, et sont pris de préférence dans l'état-major du bâtiment auquel appartient le prévenu.

A défaut d'officiers, les aspirants de première classe remplissant ou non les fonctions d'officiers à bord, peuvent faire partie du conseil de justice; enfin, dans le cas où, sur un bâtiment naviguant isolément, il ne se trouverait pas le nombre d'officiers ou d'aspirants de première classe suffisant pour composer le conseil de justice selon les prescriptions de l'art. 23 du décret du 22 juillet 1806, il y serait suppléé en appelant à faire partie dudit conseil un ou deux officiers-mariniers (*art.* **1**^{er} *du Décret du* 26 *mars* 1852).

L'officier d'administration du bâtiment remplit toujours les fonctions de greffier.

La convocation du conseil de justice par le commandant, ne peut avoir lieu que sur une plainte écrite de l'officier chef de quart au moment où a été consommé le délit; cette pièce sert de base à l'instruction de l'affaire, qui a lieu oralement.

En conséquence, dès que le conseil est assemblé, le président procède à l'interrogatoire du prévenu, à l'audition des témoins, et lorsque les juges se prétendent suffisamment éclairés, il prononce la clôture des débats, et fait reconduire l'accusé en prison. Le conseil délibère aussitôt sur la culpabilité du prévenu et sur l'application de la peine; les voix sont recueillies par le président, en commençant par le grade inférieur, et le jugement est, séance tenante, rédigé par les soins du greffier, et signé par tous les membres du conseil; il est ensuite remis entre les mains du commandant, qui en ordonne l'exécution, ou, s'il veut user du droit que lui confère l'art. 24 du décret du 22 juillet 1806, commue la peine en une plus légère d'un degré seulement.

Des conseils de guerre maritime. — Compétence. — Composition.

Les conseils de guerre maritimes sont appelés à juger les crimes et délits commis à bord par toute personne embarquée, quelle que soit sa qualité, lorsque ces crimes ou délits excèdent la compétence des conseils de justice et entraînent des peines plus graves que celles édictées par le décret du 26 mars 1852, en remplacement de la cale et de la bouline. Leur juridiction s'étend également à tous les faits de même nature commis à terre par les officiers-mariniers, marins et soldats embarqués, si ces faits ont eu lieu entre eux ou s'ils intéressent le service maritime; car, dans le cas où ils auraient été commis au préjudice de simples citoyens ou de complicité avec eux, leur effet serait d'entraîner ceux qui s'en seraient rendus coupables, devant les tribunaux ordinaires.

Les conseils de guerre maritimes doivent être composés, y compris le président, de huit juges au moins, pris parmi les officiers généraux et les plus anciens capitaines de vaisseau et de frégate, d'un rapporteur nommé par l'autorité qui convoque le conseil, et d'un greffier.

En cas d'insuffisance du nombre d'officiers supérieurs exigés par le décret de 1806 pour la formation du conseil de guerre, celui du 26 mars 1852 prescrit formellement d'y suppléer, en appelant : 1° des officiers supérieurs des troupes de la marine présents sur les lieux, soit à terre, soit à bord; 2° des lieutenants de vaisseau nommés parmi les plus anciens officiers de ce grade.

Toutefois, la présidence du conseil ne peut être dévolue qu'à un officier général de la marine ou à un capitaine de vaisseau, et trois juges au moins doivent être officiers supérieurs.

Les juges du conseil de guerre maritime et le rapporteur doivent être âgés de vingt-cinq ans accomplis, et ce dernier, ainsi que quatre juges au moins, doivent toujours appartenir au corps des officiers de vaisseau.

Devoirs du Commandant du bâtiment lorsque le prévenu ne peut être jugé immédiatement.

Lorsqu'à cause de l'insuffisance du nombre des juges, le conseil de guerre ne peut être formé, le commandant du bâtiment sur lequel est embarqué le prévenu, doit le faire détenir jusqu'au moment où il sera possible de le faire juger ou de le renvoyer en France. Il est en outre tenu de procéder à une espèce d'information qu'il transmet, avec tous les documents à l'appui, tels que dépositions des témoins, interrogatoire du prévenu, pièces de conviction, etc., à l'autorité entre les mains de laquelle le prévenu sera remis pour être jugé.

Convocation des conseils de guerre maritimes.

La convocation du conseil de guerre maritime appartient, soit au Préfet maritime, soit à l'officier général commandant en chef de la flotte, escadre ou division, à laquelle appartient le bâtiment sur lequel est embarqué le prévenu, soit enfin aux gouverneurs des colonies.

Fonctions du Rapporteur.

Dès que le rapporteur est nommé, la plainte qui doit donner lieu à la convocation du conseil de guerre lui est remise, et il procède aussitôt à l'information, c'est-à-dire à la constatation du corps du délit et à la recherche des preuves qui en désignent l'auteur. A cet effet, il doit se transporter sur les lieux où les faits se sont passés, recueillir toutes les pièces de conviction, entendre les dépositions de tous les témoins qu'il jugerait à propos de faire comparaître devant lui, les confronter, s'il y a lieu, avec le prévenu, et faire subir à ce dernier un ou plusieurs interrogatoires. Toutes ces opérations sont détaillées, à la fin de chaque séance de l'instruction, dans un procès-verbal, qui est clos par la signature du rapporteur et du greffier, après avoir été préalablement revêtu de celles des témoins, s'il s'agit de l'information, ou de la signature du prévenu, si le procès-verbal est relatif à son interrogatoire.

L'information terminée, le rapporteur en rend compte immédiatement à l'autorité chargée de convoquer le conseil de guerre.

Séance, Débats, Jugement, Exécution.

Pour tout ce qui concerne la séance, les débats, le jugement et son exécution, le décret de 1806 entre dans des détails tellement explicites et circonstanciés, qu'il serait difficile d'en rien retrancher ou d'y rien ajouter, sans le tronquer ou sans nuire à sa clarté et à sa précision ; c'est pourquoi nous ne croyons pouvoir mieux faire que d'y renvoyer le lecteur. Ajoutons seulement, pour terminer, que les sentences rendues par les conseils de guerre maritimes ne sont sujettes ni à appel, ni à révision, ni à cassation, et doivent être exécutées dans les vingt-quatre heures, à moins qu'il ne s'agisse de la peine capitale. Dans ce cas seulement, il est sursis à l'exécution du jugement jusqu'à ce que l'Empereur ait fait connaître sa décision.

Du Tribunal maritime. — Compétence. — Composition.

La justice, à terre, dans les ports et arsenaux de l'Empire, est rendue par les tribunaux maritimes institués, par le décret du 12 novembre 1806, pour connaître de tous les crimes et délits relatifs au service maritime ou intéressant la police et la sûreté des arsenaux, lorsqu'ils sont commis dans leur enceinte.

La compétence de ces tribunaux s'étend à tous les crimes et délits définis ci-dessus, que leurs auteurs, fauteurs ou complices soient marins, soldats de la marine ou de la guerre, ouvriers ou même simples citoyens.

Cette extension de juridiction, attribuée aux tribunaux maritimes à l'égard des individus non militaires, ni liés au service, bien que résultant formellement du texte même du décret de 1806, avait, jusqu'à présent, soulevé de graves contestations. Se fondant sur les principes consacrés par nos différentes chartes et constitutions, certains jurisconsultes avaient cru voir dans le fait de la compétence des tribunaux maritimes à l'égard des crimes commis par de simples habitants dans l'intérieur de l'arsenal, une violation de l'article 62 de la charte, et la cour de cassation elle-même avait jugé dans ce sens en différentes occasions. Cette interprétation exagérée d'un article qui souffre forcément des exceptions, notamment en ce qui concerne les places en état de siége dont les habitants sont, comme les militaires, jugés par des conseils de guerre, équivalait à une abrogation formelle du titre II du décret du 12 novembre 1806, et était de nature à compromettre gravement la conservation de notre matériel naval. Il est hors de doute, en effet, que la compétence des tribunaux maritimes, telle qu'elle résulte du texte même du décret de 1806, n'a reçu l'extension, objet de si fréquentes contestations, qu'à cause précisément de l'extrême importance des arsenaux au point de vue de la sûreté et de la fortune de l'État.

On ne peut donc qu'applaudir aux dispositions du décret du 26 mars 1852 qui, en donnant une consécration nouvelle à celles du titre II du décret du 12 novembre 1806, a fait rentrer la jurisprudence maritime, relativement aux délits commis dans les arsenaux, dans la seule voie qui soit conforme à l'esprit et au texte de la législation en vigueur, et compatible avec l'existence d'un matériel naval aussi important que le nôtre.

Le décret du 12 avril 1811 et la loi du 10 avril 1825 ont soumis en outre à la juridiction des tribunaux maritimes : 1° les capitaines de bâtiments armés en course ou munis de lettres de marque, accusés soit d'avoir reçu à leur bord des déserteurs de la marine militaire, soit d'avoir embarqué des hommes qui n'auraient pas été désignés par le bureau de l'Inscription maritime pour faire partie de leur armement ; 2° les individus prévenus du crime de piraterie. Dans ce dernier cas toutefois, les complices, autres que ceux qui ont aidé les coupables dans la consommation même du crime, sont jugés par les tribunaux ordinaires, et il en est de même des individus désignés dans le § I⁽ᵉʳ⁾ de l'article 3 de la loi du 10 avril 1825, pourvu que les faits de piraterie n'aient pas été commis contre des navires français.

Les tribunaux maritimes sont composés de huit juges, y compris le président, d'un rapporteur et d'un greffier. Le président doit être un des contre-amiraux présents au port, et les fonctions de juges sont confiées à deux capitaines de vaisseau, deux commissaires de marine, un ingénieur et deux membres du tribunal de première instance de l'arrondissement. Cependant, lorsqu'il ne se trouve pas dans le port assez d'officiers du grade requis pour composer le tribunal ainsi qu'il vient d'être dit, le décret permet formellement d'y suppléer par des officiers du grade immédiatement inférieur, en les prenant suivant leur rang d'ancienneté et à tour de rôle.

Le Tribunal maritime n'a pas d'existence permanente.

Les tribunaux maritimes, comme les conseils de guerre maritimes, n'ont pas d'existence permanente ; convoqués pour le jugement d'une seule affaire, ils sont dissous aussitôt après que la sentence a été rendue, et le président ainsi que les juges, désignés à tour de rôle, comme nous l'avons dit, par le Préfet maritime, ne conservent leurs fonctions que jusqu'au prononcé du jugement définitif. Il n'en est pas ainsi toutefois du rapporteur : ce magistrat est permanent et nommé par l'Empereur, qui le choisit, non parmi les officiers attachés au département de la marine, mais parmi les licenciés en droit remplissant d'ailleurs les conditions exigées des procureurs-généraux près les cours de justice criminelle.

Attributions du Commissaire-rapporteur près le tribunal maritime.

Le commissaire-rapporteur, en sa qualité de magistrat permanent chargé d'exercer les fonctions attribuées aux procureurs impériaux et aux juges d'instruction, doit, dès qu'il a connaissance d'un crime ou délit de la compétence du tribunal maritime, procéder immédiatement à tous les actes de l'information, soit pour constater le crime, soit pour en rechercher l'auteur. Il n'a donc pas besoin, pour agir, d'un ordre de l'autorité du port ; mais, aussitôt que l'information est terminée, c'est-à-dire dès qu'il a constaté, en vertu de son initiative, le corps du délit, dressé les procès-verbaux, entendu les témoins, etc., il est tenu d'en rendre compte au Préfet maritime qui seul peut convoquer le tribunal.

Mode de procédure à suivre.

La marche à suivre dans l'instruction de l'affaire et la forme de procéder, sont tracées dans le décret du 12 novembre 1806, d'une manière si claire et si précise, qu'il serait superflu d'ajouter de nouveaux détails aux dispositions qui y sont formulées. Au reste, tout se passe comme devant les conseils de guerre. Après la constatation du corps et des circonstances du délit, et l'audition des témoins dont les dépositions doivent être consignées dans un procès-verbal signé de chacun d'eux, le rapporteur procède à l'interrogatoire du prévenu. Il le questionne sur ses nom, prénoms, lieu de naissance, domicile, etc., et sur les circonstances du délit ; il lui représente les pièces de conviction, s'il y en a, et l'interpelle, pour qu'il ait à déclarer s'il les reconnaît et à les parapher dans ce cas. L'interrogatoire du prévenu est, au fur et à mesure de ses réponses, transcrit sur un procès-verbal, dont il lui est donné lecture à la fin de chaque séance, et qui est clos par sa signature et celles du rapporteur et du greffier.

Le tribunal assemblé, lecture est donnée du procès-verbal et de toutes les pièces de l'information, après quoi le prévenu est amené devant ses juges et interrogé par l'organe du président. On procède ensuite à l'audition des témoins, à leur confrontation, soit entre eux, soit avec le prévenu, et lorsque tous les témoins ont été entendus, le rapporteur prend la parole et conclut, soit à l'acquittement du prévenu, soit à sa condamnation. Enfin, après la réponse de l'accusé ou de son défenseur et la réplique du ministère public, qui peut être suivie d'une nouvelle réponse de l'accusé, les membres du tribunal entrent en délibération, et le jugement est rendu, séance tenante.

Les jugements rendus par les tribunaux maritimes sont sujets à appel et à révision.

Les jugements, rendus par les tribunaux maritimes, sont sujets à appel et à révision; en conséquence, le greffier, chargé de faire au condamné lecture du jugement, est tenu de lui donner en même temps connaissance de la faculté qui lui est accordée par la loi, de se pourvoir en révision dans un délai de vingt-quatre heures. Si le condamné veut profiter de ce droit, il le déclare au greffier, qui en prend acte au bas du jugement et le transmet aussitôt au rapporteur. Ce dernier s'empresse, à son tour, de donner avis de l'acte de recours au Préfet maritime, et lui adresse sans délai toutes les pièces de la procédure, pour que le conseil de révision puisse être convoqué.

L'accusé ou son défenseur peuvent se dispenser de formuler, dans l'acte de recours, les moyens sur lesquels ils se fondent pour demander la révision; mais, dans tous les cas, elle ne peut être ordonnée qu'autant qu'il y aurait eu violation de formes ou fausse application des lois pénales.

Composition du tribunal maritime de révision.

Le tribunal appelé à se prononcer sur le mérite des moyens de recours, est composé du Préfet maritime, du Major général, du Commissaire général, du Président du tribunal de première instance et du Procureur impérial près le même tribunal.

La décision du conseil de révision est rendue sur la simple lecture du jugement, de l'acte de recours et des pièces de la procédure; par conséquent, ni l'accusé, ni les témoins ne sont appelés à comparaître.

Si le recours est rejeté, l'arrêt du conseil est notifié au bas du jugement; dans le cas contraire, il est dressé procès-verbal de l'ordonnance de révision, et le Préfet maritime convoque un nouveau tribunal maritime devant lequel l'affaire est renvoyée.

Conseils de guerre maritimes permanents. — Leur compétence. — Triple juridiction dont ils sont investis.

Les juridictions spéciales dont il vient d'être parlé, ne s'appliquent, comme on l'a vu, en ce qui concerne les individus dépendant de la marine, qu'aux troupes et équipages embarqués, et aux individus des corps organisés, coupables de crimes ou de délits commis dans l'intérieur des ports et arsenaux, et intéressant, soit la police ou la sûreté de ces établissements, soit le service maritime. Mais lorsque ces crimes ou délits ont été commis en dehors de l'arsenal, par des hommes non embarqués des équipages de ligne ou des troupes de la marine, ou lorsque commis par ces mêmes individus dans l'intérieur de l'arsenal, ils n'intéressent néanmoins en rien la police ou la sûreté du port, ni le service maritime, la connaissance de ces faits n'appartient plus aux tribunaux maritimes, mais à des conseils de guerre maritimes permanents, chargés en outre de juger les déserteurs de tous les corps de la marine.

Ces conseils de guerre sont établis dans les ports et dans les colonies, et aux termes du décret du 26 mars 1852, il en peut être également formé sur les escadres ou divisions navales, lorsque la composition du personnel le permet, pour connaître des faits de désertion ; quand ils ne peuvent être jugés à terre.

Autrefois, le crime de désertion était jugé par des conseils de guerre maritimes spéciaux, procédant en vertu des arrêtés du 1er floréal an XII et du 19 vendémiaire an XII, suivant qu'il s'agissait de déserteurs marins ou de déserteurs appartenant aux troupes de la marine. Mais en 1816 (*Ord. du 22 mai*), ces conseils de guerre maritimes spéciaux ayant été supprimés, leur juridiction en matière de désertion fut dévolue à des conseils de guerre maritimes permanents.

Il y eut donc à la fois dans les ports, et les conseils de guerre maritimes permanents chargés de juger les délits militaires commis par les individus des troupes de la marine non embarqués, conformément aux dispositions de la loi du 13 brumaire an V, et les conseils de guerre maritimes permanents créés spécialement pour la répression du crime de désertion.

La coexistence dans chaque port de ces tribunaux, si différents malgré leur dénomination commune, ne fut pas toutefois de longue durée, et bien que le mode de procéder, suivant la nature du délit et la qualité du prévenu, continuât à être réglé par les arrêtés des 5 germinal et 1er floréal an XII, 13 brumaire an V et 19 vendémiaire an XII, un seul conseil de guerre dut réunir entre ses mains les trois juridictions régies par les arrêtés précités. Il est à remarquer seulement, que le législateur, n'ayant pas voulu priver les individus justiciables des conseils de guerre maritimes permanents de l'avantage d'être jugés par des officiers de leurs corps, la composition de ces conseils fut réglée différemment, suivant qu'ils eurent à statuer sur le sort d'un marin ou d'un soldat des troupes de la marine.

En conséquence, aux termes de l'ordonnance du 22 mai 1816, et de l'art. 5 du décret du 26 mars 1852, les conseils de guerre maritimes permanents établis dans les ports et dans les colonies, doivent avoir une double composition, c'est-à-dire que, suivant le cas, la majorité des juges, le rapporteur et le commissaire du gouvernement, sont pris parmi les officiers de vaisseau ou parmi les officiers d'artillerie de marine.

Composition des conseils de guerre maritimes permanents.

Le conseil de guerre maritime permanent est composé de sept juges, savoir : un capitaine de vaisseau ou colonel d'artillerie, président, un officier de marine ou d'artillerie ayant le grade de chef de bataillon ou de lieutenant-colonel, deux lieutenants de vaisseau ou capitaines d'artillerie, deux officiers de vaisseau ou d'artillerie ayant le grade ou le rang de lieutenant en premier, un maître de canonnage ou de manœuvre ou un sous-officier d'artillerie. Lorsqu'il y a impossibilité de composer le conseil de guerre maritime permanent comme il vient d'être dit, on y pourvoit en appelant à en faire partie un nombre suffisant d'officiers des grades déterminés par le décret impérial du 16 février 1807.

Rapporteur et Commissaire du gouvernement.

Les fonctions de rapporteur sont remplies par un officier de marine ou d'artillerie ayant le rang ou le grade de capitaine; toutefois, ce magistrat militaire ne jouit pas ici de toutes les attributions dévolues au rapporteur devant les conseils de guerre ou les tribunaux maritimes. Il est, comme ce dernier à la vérité, chargé de l'instruction de l'affaire ; son rôle à l'audience est le même, et il intervient comme lui après la clôture des débats, pour les résumer et en faire ressortir, soit la culpabilité, soit l'innocence du prévenu. Mais là se borne son ministère : il n'a pas qualité pour veiller à la stricte observation de la loi, soit dans la procédure, soit dans le jugement, ni pour requérir, si l'accusé est déclaré coupable, l'application de la peine. Cette seconde partie des fonctions du ministère public est confiée à un officier, du même grade que le rapporteur, qui prend le titre de commissaire du gouvernement et assiste seul à la délibération du conseil relative à la culpabilité du prévenu.

Convocation du conseil de guerre maritime permanent.

Le conseil de guerre maritime permanent est convoqué par le préfet maritime ou le commandant en chef de l'escadre ou division navale, et, une fois assemblé, il doit juger l'affaire sans désemparer, c'est-à-dire qu'il lui est interdit de s'occuper de toute autre, avant que l'arrêt relatif à celle qui a donné lieu à sa convocation ait été rendu.

Lois et décrets qui déterminent, selon le cas, le mode de procédure à suivre par-devant les conseils de guerre maritimes permanents.

Lorsque le conseil de guerre maritime permanent a été convoqué pour juger des déserteurs, il fait application, ainsi que nous l'avons expliqué plus haut, de l'arrêté des 5 germinal et 1er floréal an XII, s'il s'agit de marins embarqués ou de marins des classes non encore incorporés dans les équipages de ligne, et de celui du 19 vendémiaire an XII, s'il s'agit de marins non embarqués faisant partie d'une division, ou de soldats des troupes de la marine.

Lorsqu'au contraire le conseil de guerre maritime permanent est appelé à juger des crimes ou des délits, autres que la désertion, commis par des individus appartenant aux corps organisés de la marine, c'est la loi du 13 brumaire an v qui détermine sa composition et le mode de procédure à suivre. Au reste, pour qu'il ne puisse jamais y avoir ni confusion ni doute dans l'esprit des juges, au sujet de la loi en vertu de laquelle ils procèdent, il est de principe qu'un exemplaire de cette loi soit déposé sur le bureau lors de l'ouverture des séances. Cette formalité, imposée aux conseils de guerre maritimes permanents, leur est d'ailleurs commune avec tous les autres tribunaux de la marine.

Fauteurs et complices de la désertion. — Par qui jugés.

Les déserteurs entraînent les fauteurs ou complices de leur crime, devant le tribunal dont ils sont eux-mêmes justiciables, lorsque ces derniers appartiennent à la marine ; mais s'ils sont militaires étrangers à la marine, ils doivent être renvoyés devant le conseil de guerre de la division territoriale à laquelle ils appartiennent ; et enfin, s'ils sont simples citoyens, ils sont soumis à la juridiction des tribunaux ordinaires. En matière de désertion, le principe de la disjonction des causes est donc formellement établi par la loi.

Plainte en désertion. — Par qui portée.

La plainte en désertion est portée au Préfet maritime, savoir :

1º Pour les marins incorporés dans les équipages à terre, par le commandant de la division à laquelle ils appartiennent, ou, lorsqu'ils sont détachés auprès d'autres services, par les chefs sous les ordres desquels ils se trouvent placés ;

2º Pour les marins des classes levés pour le service et non encore incorporés, qui n'auraient pas rejoint leur port de destination dans les délais prescrits, par le commissaire aux armements ;

3° Pour les marins embarqués, par le commandant du bâtiment ;

4° Pour les marins et militaires de la marine à l'hôpital, par le commissaire aux hôpitaux.

En cours de campagne, la plainte en désertion doit être portée par le capitaine du bâtiment sur lequel est embarqué le prévenu, dans les vingt-quatre heures qui suivent l'époque où il aura été déclaré déserteur; cette plainte doit être adressée à l'amiral, ou à l'officier général ou supérieur commandant en chef, si le bâtiment fait partie d'une escadre ou division, et au Préfet maritime du port d'armement, s'il navigue isolément.

Devoirs des commandants des bâtiments lorsqu'un déserteur a pu être repris en cours de campagne.

L'art. 9 de l'ordonnance du 22 mai 1816, n'autorise point le jugement par contumace contre les prévenus de désertion : en conséquence, le rapporteur auquel la plainte est transmise, ne peut procéder à l'information qu'autant que le déserteur a été repris. Lorsque ce dernier cas se présente à bord d'un bâtiment, le commandant doit non-seulement faire détenir le prévenu jusqu'à ce qu'il soit possible de le faire comparaître devant un conseil de guerre, mais encore procéder à une instruction provisoire, et recueillir toutes les preuves et pièces de conviction de nature à éclairer plus tard la justice.

Les jugements rendus par les conseils de guerre maritimes permanents sont soumis à la révision.

Les jugements rendus par les conseils de guerre maritimes permanents sont soumis à la révision, soit sur la demande des parties, soit sur celle du commissaire du gouvernement. Toutefois le conseil chargé de réviser le jugement ne peut connaître du fond de l'affaire, et ses investigations ne peuvent avoir d'autre but que de rechercher si les prescriptions de la loi, relativement à la formation du conseil de guerre, à l'information et à l'instruction, ont été fidèlement observées : si ledit conseil n'a pas outrepassé les bornes de sa compétence, soit à l'égard du prévenu, soit relativement aux délits dont la loi lui attribue la connaissance, et enfin si le jugement est conforme à la loi dans l'application de la peine. Lorsque le conseil de révision a constaté une infraction quelconque aux prescriptions de la loi, il annule le jugement, et l'affaire est reportée devant un second conseil de guerre maritime permanent.

Telle est, en peu de mots, l'organisation actuelle des divers tribunaux de la marine. Il n'est, comme on le voit, pas de délits que ne puisse atteindre l'une des juridictions que nous venons d'énumérer, quelle que soit d'ailleurs la qualité du prévenu, sa position à terre ou embarqué, la nature du délit, et le lieu où il a été commis. Mais cela ne suffit pas encore, et tant qu'à bord de nos vaisseaux on ne s'appliquera pas, avant tout, à faire de nos matelots des militaires, c'est-à-dire à les animer de l'esprit qui seul peut leur mériter ce titre, tant qu'on souffrira chez eux ce dédain pour la discipline du soldat, qui les caractérise, tant qu'on ne combattra pas sans relâche leur répugnance à contracter les habitudes militaires, notre législation pénale maritime sera toujours impuissante pour constituer solidement l'autorité du commandement. Or une autorité forte et respectée n'est pas moins nécessaire à bord, au point de vue du bien-être des hommes, qu'au point de vue de la sûreté du bâtiment ; un fait constant, en effet, c'est que plus un capitaine a su inspirer à son équipage le sentiment de son autorité, plus il peut sans danger augmenter la somme de liberté et de bien-être de chacun ; tandis qu'au contraire, moins il a su prendre d'empire sur ses hommes, plus il est obligé de se montrer avare envers eux, de faveurs et de complaisances de toutes sortes.

Du crime de piraterie. — Compétence du tribunal maritime à cet égard. — Loi du 10 avril 1825.

Les tribunaux maritimes, outre les juridictions dont ils sont investis par le décret de 1806, étendent encore leur compétence, par une disposition spéciale de la loi, à une catégorie de crimes d'un caractère tout particulier, et qui, par leur nature, ne peuvent intéresser en rien, ni la police ni la sûreté de l'arsenal, ni le service maritime : nous voulons parler du crime de piraterie.

La juridiction des tribunaux maritimes s'étend à cet égard, non-seulement aux prévenus eux-mêmes, mais à leurs complices, en tant qu'ils ont assisté et aidé matériellement les prévenus dans la perpétration du crime. Mais si la complicité résulte seulement d'une participation au crime moins immédiate, quoique directe cependant, telle que celle d'un armateur ou d'un bailleur de fonds par exemple, qui serait prévenu d'avoir sciemment coopéré à l'expédition, la loi prescrit, dans ce cas, le renvoi des complices par-devant les tribunaux ordinaires, et comme conséquence, celui des prévenus du fait matériel, par-devant ces mêmes tribunaux.

La loi du 10 avril 1825 qualifie de pirate :

1° Tout individu faisant partie de l'équipage d'un navire armé et naviguant sans avoir été muni pour le voyage, de passe-port, rôle d'équipage, commission, ou autre acte constatant la légitimité de l'expédition ;

2° Tout commandant d'un navire armé et porteur de commissions délivrées par deux ou plusieurs puissances ou états différents ;

3° Tout individu faisant partie de l'équipage d'un navire français, lequel commettrait à main armée des actes de déprédation ou de violence, soit envers des navires français ou des navires d'une puissance avec laquelle la France ne serait pas en guerre, soit envers les équipages ou les chargements de ces navires ;

4° Tout individu faisant partie de l'équipage d'un navire étranger, lequel, hors l'état de guerre, et sans être pourvu de lettres de marque ou de commission régulière, commettrait des actes de déprédation ou de violence envers les navires français, leurs équipages ou chargements ;

5° Le capitaine et les officiers de tout navire français ou étranger, qui aurait commis des hostilités sous un pavillon autre que celui de l'État dont il aurait commission ;

6° Tout Français ou naturalisé Français qui ayant obtenu, même avec l'autorisation du gouvernement, commission d'une puissance étrangère pour commander un navire, commettrait des actes d'hostilité contre des navires français, leurs équipages ou chargements ;

7° Tout individu faisant partie de l'équipage d'un navire français qui, par fraude ou par violence envers le commandant, s'emparerait du bâtiment ;

8° Enfin tout individu faisant partie de l'équipage d'un navire français qui le livrerait à des pirates ou à l'ennemi.

Règles imposées aux armements en course. — Lettres de marque. — Arrêté du 2 prairial an XII.

Il suit de cette énumération que le brigandage commis en mer à main armée, ne constitue pas seulement la piraterie, et que ce crime résulte, dans certaines circonstances, de l'inobservance des principes de droit international maritime, auxquels doivent se conformer les sujets des puissances belligérantes qui prennent part à la lutte pour leur propre compte. En effet, bien que le droit des gens maritime autorise les simples particuliers à exercer sur mer contre les personnes ou les propriétés ennemies toutes les violences autres que celles réprouvées par les lois de la guerre, il ne s'ensuit pas cependant que lesdites personnes ou propriétés soient livrées, sans garantie aucune, à la merci d'un chacun ; car, s'il en était ainsi, la liberté de courir les mers pour y porter préjudice à l'ennemi, ne manquerait pas de donner naissance à de graves abus et de dégénérer même en un véritable brigandage.

Pour que la course, c'est-à-dire le droit qu'ont les simples citoyens des nations belligérantes de s'immiscer dans la lutte en armant à leurs frais des navires destinés à s'emparer pour leur compte des personnes ou des propriétés ennemies, pour que ce droit, disons-nous, ne puisse donner naissance à des actes de piraterie, certaines règles ou mesures générales ont dû être adoptées, dans l'intérêt commun, par la plupart des nations civilisées.

Nous avons vu plus haut que la loi du **10** avril **1825** qualifiait de pirate tout individu faisant partie de l'équipage d'un navire étranger qui, hors l'état de guerre et sans être pourvu de lettres de marque, commettrait des actes de déprédation ou de violence envers les navires français, leurs équipages ou chargements ; c'est qu'en effet, pour que ces actes soient autorisés par l'état de guerre, il est indispensable que le navire qui s'y est livré soit muni d'une lettre de marque, c'est-à-dire, ait reçu du gouvernement de sa nation une commission spéciale pour courir les mers à l'effet de nuire à l'ennemi.

Les lettres de marque sont accordées par le Ministre de la marine, sur la demande des armateurs et moyennant le dépôt d'un cautionnement qui varie entre **57** et **74,000** francs, suivant la force de l'équipage du corsaire. Elles ne peuvent être délivrées qu'aux citoyens français et ne sont valables que pour un temps déterminé.

L'arrêté du **2** prairial an XII a imposé en outre, comme condition à l'obtention des lettres de marque, que le bâtiment soit solidement construit, convenablement gréé et équipé, qu'il ait une marche supérieure, une bonne artillerie, et que son capitaine présente toutes les garanties possibles de capacité et d'expérience. Une commission est appelée à vérifier si, sous ces différents rapports, l'expédition réunit toutes les chances de réussite désirables; elle rend compte au Ministre qui statue en dernier lieu sur la demande de l'armateur.

Le même arrêté n'a pas seulement subordonné à l'accomplissement de ces formalités la faculté d'armer pour la course, il a encore imposé pour condition, que l'équipage soit composé de Français dans la proportion des trois cinquièmes au moins. Quant aux navires étrangers, ils doivent, dans tous les cas, réunir les conditions nécessaires pour faire preuve de nationalité, et cette preuve n'est admise qu'autant que leurs équipages sont composés en majorité de sujets de l'État dont ils portent le pavillon et qui a délivré les lettres de marque dont ils sont porteurs.

Nous avons déjà dit que tout navire capturé, soit par un corsaire, soit par un bâtiment de l'État, ne pouvait être considéré comme prise définitive qu'après le prononcé d'un jugement rendu par le comité du contentieux du Conseil d'État. Le jugement sur la validité d'une prise doit donc, dans tous les cas, qu'il s'agisse de pirates ou de négriers, précéder celui de leurs équipages; car il est conforme à la logique d'établir d'abord le fait de piraterie ou de traite des nègres avant d'en rechercher les auteurs.

Traite des nègres. — Principales dispositions législatives concernant sa répression.

La traite des nègres, formellement défendue depuis l'ordonnance du 8 janvier 1817, donne lieu à la saisie du navire et à la punition de l'équipage, des armateurs, bailleurs de fonds et assureurs (*Loi du 4 mars 1831*), non-seulement avant qu'aucun fait de traite ait eu lieu, mais encore avant même que le navire soit sorti du port, s'il résulte, soit de sa construction, soit de son emménagement, soit de son chargement et de ses installations, que ledit navire a été armé dans le dessein de se livrer au trafic des esclaves. (1)

Mais, soit que le négrier ait été saisi en mer, soit qu'il l'ait été avant sa sortie du port, le tribunal maritime n'est jamais compétent pour juger les individus prévenus d'avoir sciemment prêté un concours quelconque à la réussite de l'expédition. Contrairement aux pirates, ces individus doivent être renvoyés devant une cour d'assises, s'ils sont Français, et remis à la juridiction de leur nation, s'ils sont étrangers.

---

(1) Aux termes de la convention passée entre la France et l'Angleterre, le 22 mars 1833, tout bâtiment de commerce des deux nations est présumé de plein droit, à moins de preuves contraires, s'être livré à la traite des noirs, si dans l'installation, dans l'armement ou à bord dudit navire, il s'est trouvé un des objets spécifiés ci-après :

1° Des écoutilles en treillis et non en planches entières.

2° Un plus grand nombre de compartiments dans l'entrepont et sur le tillac, qu'il n'est d'usage pour les bâtimens du commerce.

3° Des planches en réserve, actuellement disposées pour cet objet ou propres à établir de suite un double pont, ou un pont volant, ou un pont dit à esclaves.

4° Des chaines, des colliers de fer et des menottes.

5° Une plus grande provision d'eau que n'exigent les besoins du navire.

6° Une quantité superflue de barriques à eau, à moins que le capitaine ne produise un certificat de la douane du lieu de départ, constatant que les armateurs ont donné des garanties suffisantes pour que ces tonneaux soient uniquement employés à un commerce licite.

7° Un plus grand nombre de bidons et gamelles que l'usage d'un navire de commerce n'en exige.

8° Deux ou plusieurs chaudières.

9° Une quantité de riz, de farine de manioc, etc., au-delà des besoins présumables de l'équipage, qui ne serait pas portée sur le manifeste.

FIN.

TABLE DES MATIÈRES.

CHAPITRE Ier.

Du Service administratif dans les ports.

CHAPITRE II.

Marchés et Fournitures.

CHAPITRE III.

Recrutement des Équipages de la flotte. — Équipages à terre et Corps
organsés.

CHAPITRE IV.

Bâtiments armés.

CHAPITRE V.

Caisse des Invalides de la Marine.

CHAPITRE VI.

Législation pénale de la Flotte.

ERRATA.

Page 3, ligne 10 et page 125, ligne 27 : au lieu de *ressortant* lisez *ressortissant*.
— 10, — 8 : au lieu de *emmagasinement* lisez *emmagasinage*.
— 44, — 13 : — le nombre des personnes lisez *le nom des personnes*.
— 45, — 23 : — du contrôle lisez *de l'inspection*.
— 50, — 17 : — dans les magasins lisez *dans l'arsenal*.
— 54, — 14 : — jusqu'en 1826 lisez *jusqu'en 1826*.

Vannes. — Imp. de Gust. de Lamarzelle.

Vannes. — Imp. de Gust. de Lamarzelle.

9 782019 324971